产教融合背景下高校师资队伍建设探索

赵　莹◎著

吉林出版集团股份有限公司
全国百佳图书出版单位

图书在版编目（CIP）数据

产教融合背景下高校师资队伍建设探索 / 赵莹著
. -- 长春 : 吉林出版集团股份有限公司 , 2023.4
ISBN 978-7-5731-3271-0

Ⅰ . ①产… Ⅱ . ①赵… Ⅲ . ①高等学校－师资队伍建设－研究－中国 Ⅳ . ① G645.12

中国国家版本馆 CIP 数据核字 (2023) 第 085036 号

产教融合背景下高校师资队伍建设探索
CHANJIAO RONGHE BEIJING XIA GAOXIAO SHIZI DUIWU JIANSHE TANSUO

著　　者　赵　莹
责任编辑　祖　航　林　琳
封面设计　李　伟
开　　本　710mm × 1000mm　　1/16
字　　数　228 千
印　　张　12.75
版　　次　2024 年 1 月第 1 版
印　　次　2024 年 1 月第 1 次印刷
印　　刷　天津和萱印刷有限公司

出　　版　吉林出版集团股份有限公司
发　　行　吉林出版集团股份有限公司
地　　址　吉林省长春市福祉大路 5788 号
邮　　编　130000
电　　话　0431 81629968
邮　　箱　11915286@qq.com
书　　号　ISBN 978-7-5731-3271-0
定　　价　77.00 元

作者简介

赵莹，女，东华大学，公共管理专业硕士研究生毕业，现为桂林旅游学院副研究馆员。长期从事高等教育管理与研究工作，主持和参与科研教改项目 10 余项，公开发表学术论文 10 余篇。

前　言

产教融合旨在构建学校和企业的“双赢”局面，并使二者全面提升，能够将高校在教育、社会、经济等方面的价值彰显出来。为了有效促进高校产教融合科学模式的落实与发展，就需要放眼世界，凡是在教育方面取得成功的国家，都遵循产教融合、校企合作培养技术技能人才的具体规律。在这种前提下，发展并普及产教融合、校企合作培育技术技能人才的呼声在我国愈发强烈。从教育层面看，我国经济领域行业，企业与人才的正规职业准备教育的距离可谓遥远，这也是各个院校想要促进产教融合、尝试并开启校企合作办学模式的重要原因。

随着我国社会主义市场经济体制的不断成熟，高等教育也得到了十分明显的发展，在市场中已经逐渐成为资源配置不可或缺的组成要素。在高校产教融合、服务发展、促进就业等方面，政府不仅发挥了重要的引导作用，也收获了较为显著的成果。

本书共五章，以高校师资队伍建设为基底，探讨了在产教融合背景下高校师资队伍的建设问题。第一章为绪论，分别介绍了高校师资队伍建设的基本内容和高校师资队伍建设的意义；第二章为产教融合模式的构建与实施，分别介绍了产教融合的相关理论、构建产教融合的育人体系、建立产教融合、校企合作模式、围绕产教结合，建设特色办学；第三章为产教融合下高校辅导员队伍建设，分别介绍了完善高校辅导员制度、加强辅导员专业化实践、强化大学生思想政治教育工作；第四章为产教融合下高校教师队伍建设，分别介绍了建设“双师型”教师队伍、推动教师教学发展与组织建设、提升教师教学能力与课程建设；第五章为产教融合下高校管理队伍建设，分别介绍了国内高校管理经典模式、国外高校管理经典模式、开展信息化管理新模式、完善制度规范与队伍建设。

在撰写本书的过程中，作者得到了许多专家、学者的帮助和指导，参考了大量的学术文献，在此表示真诚的感谢。但由于作者水平有限，书中难免会有疏漏之处，希望广大同行及时指正。

赵　莹

2023 年 1 月

目 录

第一章　绪论

在中华人民共和国成立后，党和政府不断加大对高校师资队伍建设的重视力度与管理力度。先后出台的《中共中央 国务院关于深化教育改革全面推进素质教育的决定》《关于新时期加强高等学校教师队伍建设的意见》指导着我国高校师资队伍的建设发展。本章为绪论，主要从高校师资队伍建设的基本内容、高校师资队伍建设的意义等方面进行阐述。

第一节　高校师资队伍建设的基本内容

高校师资建设与人力资源管理类似，主要包括以下几方面基本内容：第一，规划；第二，招聘；第三，培训（培养与教育）；第四，行为激励与绩效评估；第五，环境建设。

一、规划

规划主要指的是教师总量与包括学科、年龄、学历、职务、学缘等在内的结构在特定时间段内的规划。编制计划的主要依据包括特定年限内，学生的规模、办学效益、师生比例、教师与非教师比例等几方面因素。在编制过程中也要充分考虑各地区教育发展水平、经济状况、师资力量以及社会需求等多方面因素，并结合当地经济社会发展情况进行调整，还要兼顾学校类别层次和地域，以及办学理念和设定目标上存在的区别。要以现实情况为依据，调整人员结构。在对教师队伍进行整体优化时，应根据各专业领域师资配备的不同情况，适当提高某些专业岗位的比重。此外，也可以分年实施教师补充计划，做到有的放矢，有目标地录用教师，以确保教师的总量及各项结构科学合理。

二、招聘

招聘可以为学校提供充足的人力资本，通常根据本校年度招聘计划开展。我国目前录用教师的办法有从毕业生中选拔和引进的方式，也包括兼职或者客座教师，其中暗含终身聘任的劳动关系。伴随中国现代化的不断发展，我国人才竞争也日益国际化，用人制度和工资制度所表现的不适应性愈发明显。教育部于《关于新时期加强高等学校教师队伍建设的意见》中所明确的方针指出，“按需设岗、公开招聘、平等竞争、择优聘任、严格考核、聘约管理”。“以岗定薪，高薪聘任，优劳优酬”的工资制度隐含于上述方针中的“聘约管理”

里。在这种情况下，我们可以运用更加新颖、更加科学的招聘制度聘用高校教师。[①]

三、培训（培养与教育）

培训是指学校为了获得更多竞争力所进行的人力资本投资。高校在开展教学工作时，需要投入大量资金来培养师资力量，这就要求我们必须做好教师培训工作。高校教师培训由业务培训和思想政治培训组成。它通过组织开展各种形式和内容的教学活动，使受训者获得某种专业或技能。教师业务培训的重点是提升教师学历、提升教师知识储备量、优化教师知识结构，进而增强教师教学、科研等方面的创新能力。在具体实践中，可采取多种形式开展教师专业培训，如在职攻读学位、报名高级研讨班、海内外进修、开展重要教学任务和科研项目等。思想政治培训的主要目的是提高广大教师的爱国热情，让他们热爱人民教育事业、爱岗敬业、甘于奉献；让他们秉持理论联系实际原则，树立正确的社会发展观，提高解决问题的能力和其他方面的工作能力，并善于运用辩证唯物主义与历史唯物主义的思想、观点与方法，发挥其指导作用。此外，要开展师德教育方面的培训，提升广大教师职业道德与素养，让他们将为人师表、诲人不倦、教书育人等优质观念融入日常教学工作中。

四、行为激励与绩效评估

开展高校师资建设，最终目标是提高教师团队的整体水平，使各个教师对教学、科研充满激情与热情，并发挥自身的各种潜能，最终取得更高层次的成绩。想要提高教师的积极性，并发掘他们的潜能，不仅要始终以人本原理、责任原理等管理学基本原理为基础，还要构建科学评价教师整体实力的机制，当然，激励政策对于教师综合素质的提高也是很有效的。高校师资建设要重点关注如何评价高校教师的绩效、如何激励教师，这是很重要的。

① 李青．高校师资管理研究 [M]. 天津：天津大学出版社，2019.

五、环境建设

高校教师队伍建设的环境大致分为大环境、小环境，二者是相对的。其中，大环境即社会环境，小环境即学校环境，也包括学术、生活等方面的环境。最基本的小环境为某个学科点内的环境。

社会环境为高校教师队伍建设提供整体环境。高校是培养人才的重要阵地，教师是国家宝贵的人才资源，这与党和国家的方针、政策、民族文化传统及国民品质有着密切的关联。随着高等教育改革的深化，我国高等教育事业进入了蓬勃发展的新时期，高等学校正在以前所未有的速度向前迈进，教师队伍的结构也发生着深刻变化。想要建设高校教师队伍，外部社会环境足够良好是必不可少的。在此环境中，大学的使命是着力打造校内小环境。

学校知名度和学科水平、学校的办学理念和教师素质、学生学习状况、相应的政策规划以及学校管理水平、学科点内成员的举止都能影响小环境的构建。一个好的校园环境可以影响师生的学习、工作、生活，而小环境不仅提供生活环境与条件，也为教师努力奋斗提供了重要的基础保障。学术环境的建设对于教师而言是十分关键的，它大致由硬条件与软环境两部分组成，前者包括学术队伍的整体水平以及开展学术研究所需的各种设备、资料、经费和后勤保障；后者从宏观上看包括人才培养、思想落实的进度、学术气氛以及人际关系。良好的学术环境能促进人才成长、提高科研水平。想要让学术环境吸引更多的优秀人才，就要保证学术环境具备足够的学术水平与社会影响力，其学术气氛要足够宽松、自由、活跃，其学术风气要足够浓厚，其人际关系要足够团结、和谐、富有奉献精神。学校和院系只有将围绕教学科研开展的尊重知识、尊重人才的一系列政策有效落实，才能构建起适合培养综合性人才的学术环境。

从纵向层面看，高校师资建设本质上是一种系统性的工作，无论是规划队伍总量、选择录用使用培训、评价激励，还是优化结构、优化学术环境，从而广泛吸纳优秀人才，任何一个步骤都是独一无二、非常关键的。各环节组成了一个整体化的体系。从横向层面看，高校师资建设是具备综合性特征的工作。从国家层面、政府层面看，高校师资建设关系到国家经济建设的大局、社会的发展方向、人们的切实需求以及政府许多部门对社会环境的构建，同时还关系到知识分子，尤其是高级知识分子的角色、地位以及相关政策的制订等方面；从学校层面看，它要求上至学校下至院系的各级领导及组织都要重视基础工作，同时在组织方面、人事方面、宣传方面、科研方面、教学方面、财务方面共同协调、通力合作。教师在整个师资队伍中处于核心地位，其素质如何直接关系着高等教育事业能否持续发展以及适应社会主义现代化要求的合格人才的培养。

第二节　高校师资队伍建设的意义

一、做好高校的师资建设

在加入世界贸易组织（WTO）后，我国高校资源市场化程度提升，高校间资源竞争不断加剧，做好清晰的发展战略规划是各个高校的首要任务。而在高校发展规划中，高校师资建设规划是其核心内容，只有把学科建设规划、师资建设规划搞好，才能够提升大学核心竞争水平，进而在日趋激烈的竞争环境中始终处于上风。

首先，大学发展水平关系着大学本身的质量与效益。大学不仅要精准规划发展目标，也要明确发展方向，不断提高自身整体水平。因此，高校自身发展迫切需要科学合理的规划来指引。

其次，大学的发展必须要获得政府投入和社会资本的投入，也需要尽可能地制定能够在最大限度上满足各方需要的发展规划。

最后，在日益激烈的竞争面前，高校要加大对发展规划的重视程度，并保证自身在与其他社会组织的资源争夺中不落下风。

二、为教师职业生涯发展提供重要的参照

职业生涯规划指的是将个人发展和组织发展结合起来，分析、总结并测定决定个体职业生涯的各种因素，明确个人奋斗目标，然后选择实现该目标的职业岗位，针对任务、教育培训、工作等方面规划行动流程，进而合理安排各个环节的时间、方向和顺序。

指导教师进行职业生涯设计与再设计是学校不可推卸的责任，这种做法可以帮助教师从自身情况出发，明确发展目标与发展途径，并让自己在工作时更加主动、积极，更具针对性特征，由此推动教师个人职业目标与组织目标的完成。

师资建设规划可以帮助教师明确职业生涯发展导向和目标，使教师可结合本校师资建设，分析自身优缺点，进而清楚地做好职业定位，从宏观角度统筹教学、研究、学习等方面的发展。

高校的主要任务是培育人才，它是由高层次、高水平成员所构成的一个复杂的群体机制。这一复杂机制既包括了物质实体层面上的组织机构及其运作方式，也包含着精神文化领域内的价值观念、思维方式及行为模式。在管理学视野下，“人”既是高校的管理主体，也是高校的管理客体。高校教师是高等学校办学的中坚力量，他们不仅要承担教学任务，还要承担育人责任，肩负着培养高素质人才的重任。同时，教师也是高校的教育主体和灵魂，是大学核心竞争力所在，特别是在构建和谐社会这一大环境中，持续提升师资整体管理水平，时刻秉持以教师为本的管理理念，将人文关怀体现出来，这些都是高校领导及师资管理人员应尽的基本义务。

按照美国社会心理学家马斯洛的基本需求理论，人在精神层面的需求是最高级别的。高级知识分子的需求比较注重“自我实现”以及自身潜能的发掘，他们更愿意将自己的人身价值发挥出来，从而主动地、全方位地发展自身的各个方面。学校要秉持“以人为本”的科学发展观，为教师提供充满挑战意味的任务和高雅的人文环境，并提升外部激励与内部公平措施的利用率，充分提高教师积极性，从而达到使其进行自我激励、自我发展、自我实现的目的。

针对高校师资的独特表征，人本管理更有其特殊含义，对高校师资队伍建设有着重要影响。一是强调从人开始，发挥教师潜力，最大限度地激发教师工作热情，发掘他们的潜能，使他们满怀激情、富有创造力地投入教育科研工作中，这能促成教育生产力的解放与发展，并提升高等教育的整体质量。二是能靠人的力量提升教师参与学校管理的普遍性，可以凝聚广大教师，确保高校各项日标的顺利达成。三是可以为人提供各种可能的环境，有效促进教师的专业发展，进而推动构建一流师资团队、提升高校自主发展潜力的实现。

第二章　产教融合模式的构建与实施

采取产教融合的途径，可以有效促成校企之间的“双赢”局面，也可以让二者得到全面提升，并发挥高校教育、社会、经济等方面的价值。通过完善制度建设、优化课程设置、创新办学模式、打造双师团队、提高企业认识等，可以助推高校产教融合科学模式的构建与实施。本章介绍了产教融合模式的构建与实施，分别从产教融合的相关理论；构建产教融合的育人体系；建立产教融合、校企合作模式；围绕产教结合，建设特色办学四个方面进行阐述。

第一节　产教融合的相关理论

一、产教融合的概念和特点

（一）产教融合的概念

产教融合作为一个新出现的相关构想，目前尚无统一的定义，通过调研发现，在我国最先提出产教融合的是江苏无锡市技工学校，该学校是高校教育的典型代表。产教融合最早由高校根据其人才培养特点提出，现在已经扩展到各个层次的教育之中。江苏无锡市技工学校之所以提出产教融合与其自身的发展探索密不可分，他们在办学过程中结合高职人才培养的特殊性和时效性对已有的教学方案和人才培养进行了专门的改革，经过不断的改革和探索，该校作出重要结论：为了增强学生产教融合水平意识、产品意识、时间观念与动手能力，要想尽一切办法，寻找和生产实习紧密关联的产品。产教融合非常符合时代发展要求和人才培养要求，已经逐渐成为各个层次人才培养中的重要环节。

产教融合的相关构想是一个从无到有、从模糊到具体的过程，这符合事物发展的一般规律，更加符合教育发展的规律。我国的一些学者对产教融合进行了专门的整理和研究，但是由于缺乏一手材料，所以取得的成果非常有限，仅仅是从时间的顺序对产教融合的发展进行了简单的梳理。笔者为了深度研究我国产教融合发展的实践进行了大量的专门调研，调查了成果丰富的高校，也对理论进行了专门的研究，从而在前人的基础上取得了一些成果。纵观我国教育体系，对于产教融合而言，学校、产业行业是主体，二者的深度合作，能够有效加大人才培养的产教融合力度，进而实现二者的双赢。产教融合与校企合作的最大区别在于双方合作的程度，产教融合的形式多种多样，最核心的就是双方要形成稳定、高效、深层次的合作关系，通过提升人才培养的产教融合的水平促进企业发展和办学实力的提升。在调研中发现，有的产教融合助推校企双方建立新的实体创新人才培养模式，也有的产教融合侧重研发和学术升级。从调研的结果来看，不论哪种形式的产教融合最终都会提升学生的个人素养和就业能力，企业也因此获得了更多宝贵的人才，缩短了人才与企业之间的磨合期。最终所能产生的连锁效应会不断助推区域经济向前发展，从而实现共赢。产教融合让越来越多的用人单位和高校看到了机会和希望，他们也非常愿意参与到其中，这使产教融合的发展也逐渐进入了快车道。

我国越来越重视产教融合的发展，已经出台了相关的政策进行支持和帮助。回到产教融合的相关构想上来，传统的产教融合指的是高校把所开设的专业进行社会主义市场经济产业化发展，把产业发展的经验和技术引入教学之中，通过产业与教学之间的融会贯通强化学校和企业之间的合作关系，从而优化传统的办学模式。越来越多的高校也在探索产业引入专业，所以上述相关构想中的高校可以扩展为高等学校。但是高校和高等学校的产教融合又存在着比较大的差异：高校的产教融合进行得更加彻底和全面，也更容易获得企业的认同。

虽然高校在产教融合方面取得了比较好的成绩，但是不同地区、不同类型的高校存在着比较大的差异。经济发达地区的产教融合发展得非常深入和全面，对地方经济的发展也有着重要的助推价值。大家也探索出了丰富的产教融合经验，这些经验具有比较强的地方性和产业性，要想大面积的复制和推广存在一定的困难。

产教融合对于学生、学校、产业和社会来说是一个多方共赢的机制，尤其是对于学生来说，既能够提升专业能力，又能够为以后立足社会提供保障。产教融合中有大量的实习、实践机会，而且这种实践是经过专门设计的、有针对性的，是与在校期间所学知识融会贯通的。

产教融合的学生实践就是把课堂所学到的知识应用到实践之中，在课程设计上存在着对应性，这是一个非常好的现象。产教融合会涉及每一门课程，从专业培养目标入手，学校与企业在充分合作的基础上共同制定培养目标以及课程标准。所涉及的骨干课程均是理论与实践高度相结合，这可以让学生带着问题学知识，并且在实践中解决问题，形成一个遇到问题、解决问题的良性循环。在接受产教融合的培养后，学生会具备更高的动手能力和解题能力，他们能够更灵活地分析问题，并选择合理的方法来解决问题。这使我国当前高职院校的教学模式发生了一定的转变，由传统的以理论为主向实践教学为主转变。这一人才培养模式的转变，极大地优化了学生三观，也造就了更多能为建设社会主义作出贡献的人才。除此之外，产教融合更能调动学生的创造积极性、不断创新的欲望与激情，提升其创新意识、创新能力，培养出综合素质更高的创新型人才，从而符合我国职业教育的发展方向。

产教融合不仅可以让企业参与其中，而在有条件的学校，学校可以自己创办企业，以学生为主体进行发展。学生在整个过程中可以取得一定的报酬，这客观上也为学生工读结合、勤工俭学创造了条件，还能够解决贫困学生的学费和生活费用问题。

产教融合在更大层面上能够为助推地方经济发展提供专门的服务。我国当前的职业教育是以就业为导向的教育，在社会主义市场经济制度之下主要以培养技能型人才为主要目标，技能型人才的特点非常明显，他们可以解决社会在生产、建设、管理、服务等方面的一线需求。此外，这类人才具备职业、技能、实用、爱岗敬业等多方面的特征，时刻身处工作最前沿，对于技术、操作、管理了如指掌。

产教融合的培养思路也是在上述背景之下产生的，为了满足需求而改进相应的教育策略，这是我国教育不断改革、发展和完善的重要体现，也应当受到更加广泛的关注。产教融合的重要参与对象是企业，在融合的过程中要格外注重对企业需求的满足，只有充分调动企业的积极性和资源，才能实现产教融合效果的最大化。据调研显示，当前进行产教融合的企业多数为生产制造型企业，这就给学校带来了全新的需求，学校还应该以企业需要的产品和技术为目标进行开发，从而发挥培养人才、研发产品、技术服务等方面的功能。为了使企业需求和学校教学之间没有障碍，并顺应技术的发展方向，要从企业技术精英、领域专家所参与的目标研讨、教学计划的规划中汲取能量。“产”是产教融合的基础，要求产品生产足够真实可靠，并以此为前提进行专业实践教学，真正让学生掌握技术，让教师提高教学质量。这种“产”不应只是工厂生产，一定要密切结合教学，并以“教”为目标。在产教融合相对成熟时，再开展“产、学、研”的共同建设。学校真正获得“产、学、研”的办学能力后，在顺应市场需求时，可以将精力落在现实，做大做强，并为日后的发展储存力量。

目前现有的产教融合主要是根据学校和企业的情况双方进行深度融合，正如前面所提到的全社会还没有形成一套完整的、可以通用的经验。产教融合的发展实际上是经历了一段时间的摸索，学校和企业在探索中寻求最佳的解决途径。在产教融合中，学校和企业始终坚持“双赢”原则，实施责任共担，这就形成了一种具有约束力的制度保证。有些方法是引进社会中管理水平、技术水平较高的公司，企业加入校企合作意愿强烈，通过使用学校装备生产特定产品，将教学内容当作教材内容，校企联合制订产教融合实施教学生产方案，让教师丰富自身技术，也提高学生参与生产过程的主动性，提高生产效益，实现学校与企业之间共成长、共生存的构想。

在改革开放不断深入的情况下，我国社会主义市场经济的建设与发展取得了可喜的成绩。我国的高校教育在无形中受到了各种影响，校企合作的环境也在持续改善。高校毕业生在步入社会后，对应的工作选择也变得多了起来，而高校本身的“双师型”教师的数量也在持续上涨。当然，经济的进步对职业教育的影响远不止如此，实际上中国经济产教融合水平的提升就是依靠人才素质的不断提升实现的。

在经济发展的大背景之下，应用型本科也应运而生，并且加入了高校教育的大家庭。在实践型人力资源理念的指导下，培养合格师资的任务将会更加艰巨。应用型本科要想实现发展目标，就要提升校企合作的产教融合的水平、增加校企合作的数量。经济的发展和社会的进步对教育提出了更高的要求，主要体现在对人才产教融合水平的要求不断提高。应用型本科应依据社会经济发展对人才的要求，对人才培养方案进行灵活多样的调整，也应提供经济和社会发展所需的服务，并且要能进行科学技术的研究、对相关产业进行前沿性技术指导，从而推动社会经济发展。因此，应用型高校必须以培养创新型人才为主线进行教学改革，使其能够更好地满足社会对人才需求，从而促进地方经济发展。换言之，应用型高校应不断地调整发展，以满足经济发展对人才的要求，并力争为经济发展助力。随着我国市场经济体制的不断完善，高等教育也面临着深刻变革，尤其是以培养高素质技能型人才为主的应用性大学，其办学定位必须从社会需求出发，这样才能实现自身持续稳定地发展。立足于社会主义市场经济的大环境，高校教育中的“产教融合”，不但有教育、生产等诸多功能，又可以时刻根据应变产业结构的变化进行调整，也可参与市场竞争，是学校、企业、行业和社会等多方共同介入而产生的新型社会组织，旨在负责助力高校教育改革以及社会经济发展。

（二）产教融合的特点

产教融合在国内和国外经过了多年的发展，取得了一些经验，在梳理国内外产教融合发展经验的基础上可以总结出所具有的一些特点。通过文献梳理和国际经验对比可以发现德国双元制、美国合作教育模式、英国工读交替模式都是值得我国参考和学习的对象。就产教融合而言，我国也曾收获了一定的成果。产业融合在早期以校企合作为主要存在形态，并拥有五种典型模式：第一种，“学院 + 创业中心区”；第二种，“专业 + 大型企业”；第三种，“专业 + 龙头企业 + 企业联盟”；第四种，“专业 + 校办企业”；第五种，“专业 + 行业协会”。上述五种模式都是职业院校结合当地经济发展而创造出来的，具备了初步的产教融合特性。

社会主义市场经济的产业结构是不断变化的，想要适应这一常态，高校教育在发展“产教融合”时，必须兼顾行业产业、企业、专科、应用型本科院校等诸多方面，而且要不断创新特质与功能。

1. 立体式融合

社会主义市场经济追求的是多元化，由于产教融合服务于社会主义市场经济，所以其发展的路径也必然要受到社会主义市场经济的影响。产教融合在发展中更加注重立体式的融合。立体式整合，它突破了以往单一合作或者双项合作在生产和学习中的限制，与研、学、产三方面展开深度合作，除了本身就是生产主体之外，对企业创造经济效益也发挥着作用，并能够提供行业发展所需的特定人才，从智力方面为行业的可持续发展提供支持。通过对产教融合和传统模式下人才培养的比较，我们可以发现两者有较明显的区别，在产教融合模式中培养出的人才的可持续发展能力更强。另外，企业需求还可以为学校教育教学改革指明方向、明确目标，确保高校教育能够紧跟行业的发展脚步。整合后的组织能够科学地分配内部资源，也可以基础研究、应用研究与开发，从而为行业发展提供强大的技术支持，并为更新学校教育内容提供先进的信息资源，确保教育具备实效性特征。三者融合在一起，能够构建良好的循环机制，进而确保研究、生产和其他服务活动的开展，并在推动内部发展的同时，持续向外辐射，从而拓展其社会效应和社会作用的影响范围。这一立体式整合，可以很大程度地推动经济发展与社会进步，也能从正面加快教育的发展速度和进步速度。

2. 社会主义市场经济产业化发展的融合

社会主义市场经济的产业化发展，指的是一定的行业以社会主义市场经济为背景，面向行业、面向企业真正需求，其目的是提升效益、优化依托专业服务和产教融合的水平管理所形成的经营方式与组织结构。它具有与市场直接对接、发挥行业优势、规模化经营、分工专业细致等基本特征，也可以与相关产业进行合作，提高龙头的带动程度和市场化水平。当项目与市场需求不符时，要根据市场机制及时终止，以减小投入损失，降低产教融合片面运作发生的可能性。由此可知，以社会主义市场经济产业化为基础的产教融合是符合市场要求的，产、学、研三方面的共同发展与明确分工可以开拓充满希望的市场前景，也可以获得独特的竞争优势，从而提升自身的核心竞争力。此外，产教融合可以让规模扩大，推动其他合作项目的深度开展，但要注意的是，遵守市场规律是其必要前提。

3. 以企业需求为出发点

企业参与人才培养的全过程之中，能够将自身的需求以最大化的形式表达出来，并且在课程设计中逐个满足。要做到产教融合，这要求相应的机构，在满足企业、学校及有关合作部门需要的基础上，综合各类市场不断变化的情形，厘清市场供需情况，明确其实际需要，找到利益结合点，进行相关协作，并能对市场供给与需求均衡发挥一定的促进作用。此外，真正实现产教结合的组织，能够按照供给与需求均衡变动，及时调整发展计划，从而促进合作双方的沟通协作。

二、产教融合生态圈

产教融合生态圈具备较高的创新意味，能够将代表教育、产业、社会发展等多方面的利益的群体聚拢起来，进而获得新的成果。构建产教融合生态圈，能够在很大程度上提升教育的整体水平。

我们可以将生态圈视作生物圈，在整体生态这一大环境下，不同种类以群体方式并存，各种不同群体之间保持着特定的联系，在该圈中按照某种规律实现相互存储。所谓产教融合生态圈，就是高等院校将自己视作主体的生态圈，这个生态圈接受地方政府资助，从发展地方产业经济的角度出发，积极同当地工业园区展开合作。其显著目标之一就是将区域内企业间的资源要素进行优化配置，并以此带动周边中小企业的共同繁荣和可持续发展。地球上一切生物及其环境构成生物圈，人类赖以生存的基本条件就是生物圈，它也是一切生物链的总称，囊括生物链中的一切生物、生态环境与生态系统，并包括森林生态系统、草原生态系统与湿地生态系统等多种构成元素。产教融合生态链中的每个成员都是生态圈的一部分。生态圈是可持续的、相对平衡的、稳定的。产教融合生态圈能够促进生态文明建设目标的实现，也能促进经济发展方式转变，提高人才培养质量。打造产教融合生态圈，要求多部门合作参与，从而推动教育水平的提高。产教融合生态系统是一个开放而又复杂的系统，它包括政府主导下的产业集群、院校与企业之间的产学研合作以及行业组织的推动作用。在这一进程中，大学从智力层面推动地方区域经济的发展，企业从经济层面推动区域经济发展。政府引导和企业推动，能够有效促进产学研结合与产学互动模式，进而提升学生就业质量。校企合作的方式，提升了高校人才培养产教融合程度，使得各校相继大力创造办学特色，同时，社会资源会更多地转化为教学资源，学生就业质量得以提升，毕业生就业率得以提高，实现双赢局面。此外，企业的经济效益也会相应提高，区域经济能够获得更好的发展，地方政府也会更具经济实力，进而推动学生就业、企业用人与人才使用之间“三方共赢”的目标得以实现。

三、产教融合的构建原则

就目前的产教融合发展而言，已经从萌芽慢慢转变为成熟，其在制度上包括教育、产业、社会发展、经济等方面，在这几个方面协调发展的情况下，可以发挥出巨大的价值。产教融合在制度层面会建立起政府、学校与社会之间的新型合作成长联系，并以此形成政府在宏观上对产教融合进行管理、高校可以自主办学、社会普遍参与的产教融合新格局。在这种格局里，社会，产业、企业凭借的是资金、知识、技术、管理和其他因素参与，共同完成高等教育的建设，由此建立和完善政府管控、社会参与其中、办学主体丰富、办学形式多样化、充满生机的高校教育办学体制。因此，在高校实施大学生创新创业教育是落实“大众创业万众创新”战略、培养创新型人才的有效途径之一。针对产教融合，高校在构建高校大学生双创教育机制时，应该注意以下几方面内容：

（一）多主体

产教融合要求众多主体共同参与，且事实证明，这一原理至关重要。产教融合不仅要依靠国家政策和市场力量来推动，还要调动多方积极性。高校开展大学生双创教育，涉及政府、社会、行业企业、学校学生。双创教育作为重要主体之一，同样介入产教融合，并推动产教融合建设。整个社会应该通过舆论宣传创业文化，提升全社会民众在心理意识、思想观念、行为标准、价值观等方面的转变水平。与此同时，社会力量也要参与对高校大学生双创教育的监督与评估中去，从而让全社会对其合力推进。这需要政府、行业、企业及高校自身共同努力，因为这些也是推动校企一体化的实施主体，要与大学对接，进而共同发挥作用。要不断优化校企共建的、可以让学生通过实践为日后做准备的基地建设机制，并为高校大学生提供更为充足的资金、更为优良的设备以及更为宽敞的场地，进而提升大学生的创业实践意识，并在日后从事现代企业管理工作或者进行创业探索时能够做到游刃有余。高校大学生应该重新塑造思想观念，加深对双创教育作用的理解，并努力通过该教育塑造本身的行为准则。就高校教育的产教融合而言，重视、培育产教融合层次原则，要求针对高等高校本身人才培养产教融合、产教融合培育等方面的水平加以重视，高校人才培养产教融合程度对产教融合的发展产生着重要影响。

首先，在高校大学生双创教育中，政府是管理主体，发挥着主导作用。从理论研究来看，大学生双创教育既要符合我国国情，也要适应社会需求。高校大学生双创教育能否顺利开展，关键在于政府的支持力度与助推程度。政府要从宏观层面开展政策引领、措施实施等工作，并积极构建监督与服务机制，法律的颁布势在必行，法规、政策的引导与扶持，可以有效促进高等教育与行业企业的深度融合，进而推动大学生双创教育的发展。

其次，学校是大学生群体接受双创教育的主要场所。在高校实施大学生双创教育的过程中，政府、企业和个人都起着不可替代的作用。高校在实现向社会输送创业创新人才这一历史性目标的过程中发挥着作用。

再次，行业与企业作为对接主体与受益主体，与高校大学生共同参与双创教育。行业、企业与高等院校合作办学有利于培养具备高水平综合素质的创新型人才，进而能够促进生产力的发展，助力产业的创新转型与完善升级，也可以增强企业竞争力，提高效益，最终让行业与企业实现双赢。

最后，就高校大学生双创教育而言，学生是学习、受益等方面的主体，而社会在参与的同时也能发挥监督作用。

（二）自组织

产教融合在探索时期，依靠的是学校与企业的自组织发展。在具体过程中，自组织的发展会产生一种共识。所谓自组织，指的是客观事物本身所呈现出的结构化、有机化、有序化、系统化流程。高校大学生双创教育实施主体在高校开展大学生双创教育，自组织行为是其构成内容，以自组织演变为主要特征。当政府逐步认识到产教融合发展有待规范时，特定的自组织原则会发生改变。在发展高校教育产教融合的过程中，要始终秉持产教融合的水平原则，以符合性、适用性、经济性的眼光，去衡量其所培养人才的真实水平，即通过符合性衡量人才对于市场需求的满足程度，通过适用性去甄别培养出的人才是否能胜任行业企业的岗位工作，通过经济性衡量所培养人才能够创造何种程度的经济效益。高校院校发展主要具备以下三个特征：

第一，高校大学生双创教育具备开放性特征，要保证开展的互动教学向社会开放。

第二，高校大学生双创教育流程较为复杂，相关因素包括行业与高校、对应企业不唯一的专业群、产业类别、规模大小、技术含量、管理方式。由于教学资源、科研资源、生产资源、管理资源、市场资源的相互作用，不同主体教育过程也具备复杂、关联等特征。所以，高校大学生双创教育机制的自组织形式也同样是较为多样的，能够将组织、指导与具体实施进行分类。

第三，高校创新中的高校大学生双创教育具备自发性特征，以经济社会发展为宏观环境，它是动态的也是开放的，每一个实施主体结构都以和外部环境进行互换为获取自组织演化所需资源与能源的手段，然后，经过组织内部各因素之间的交互作用，使自组织演化具备充足的核心动力。至此，高校大学生双创教育机制能够实现自发调节和自我完善，并完成从稳定到不稳定，再回归稳定的发展任务。

（三）协同性

协同性原则与自组织原则相对。产教融合在探索阶段以自组织为主，在具体的发展过程中，各利益群体都更希望协同发展，协同性原则正是来源于此。从我国目前的情况来看，高校产教深度融合应吸取协同教育思想的精华，对政府、行业和用人单位、高校的总体及局部、不同要素、不同子系统之间协同关系进行深度探索，提升高校产教融合多主体之间的协同程度。

产教融合为机构、体制、机制的组织与发展提供基础，也是推动事物前进的力量。对事物产教融合程度进行评估时，往往会体现出符合性、适用性和经济性这三种特征。

（四）共享性

现如今，共享经济在社会经济发展中占据着举足轻重的位置，在产教融合过程中，共享性原则亦成为一项重要的原则。共享经济时代下的产教深度融合，为高等教育带来新挑战和新机遇。产教融合与产学合作，推动了高校大学生进行双创教育的发展，并联合培养创新型人才，为国家、企业、行业、学校等带来诸多便利与好处。但也应重视市场在资源配置中的功能，构建政府激励、互惠互利的动力、共生发展等方面的利益共享体系，让各方主体承担必要的义务责任，也获得应得的利益，从而助力大学生产教融合工作的相关建设。产教融合，一方面属于高等教育的一个重要特征表现，另一方面也能有效促进现代高等教育的发展。无论是“产学融合”还是“产教融合”，都呈现出我国产教融合的深度与广度正不断前进的态势，这为高校双创教育机制的完善开辟了很多新的途径。

可以通过媒体宣传国家提倡的创业政策及对策，扩大高校大学生双创教育优秀典型的传播范围，让全社会对创业更加尊重、更加认同，提高社会企业参与高校大学生双创教育的主动性。

产教融合本质上就是教育和产业之间进行融合，政府与市场是推动产教融合、促进学校与企业协同发展的两股动力来源。推动校企深度融合发展，政府离不开市场机制，但更多的是需要依靠政府政策的引导，进而保证产教融合始终遵循市场规律。就组织领导体制建设而言，应转变教育行政部门对高校大学生双创教育实施的单一管理工作与方式，并参考我国多部委共同提升就业率的领导体制，在不同的行政部门之间建立联系，力求得到行业部门、政府部门等方面的支持鼓励，进而构建以产教融合的方式促进高校大学生双创教育各有关部门协同互助的科学体系。将专业教育融入高校大学生双创教育中，意味着整合这两个教育目标，整合知识教育和素质教育，它以学生创业素质的培养与职业技能的训练为联结点，且两者是同等重要的。我们可以从以下几点构建并完善大学生双创教育与专业教育之间进行融合的课程机制：

首先，组建以社会生活为背景的素质教育课程体系，不断完善通识教育，在素质教育公共课程中，纳入当前高校以选修课方式存在的创业课程，将学生在日后工作中将会遇到的社会问题、场景、困难、活动与矛盾作为主要内容，并为学生规划、设置以生活通识和通用技能、就业创业、审美人文、身心健康、思想政治等方面内容为中心的各种特色课程。

其次，组建以工作任务为导向的专业课程机制，并以创业要素为所设专业课的最终教育目标，从学生在日后工作中可能面临的工作任务及其涉及的工作对象、工作工具、工作方法、工作组织等因素出发，开设公开的、专业的方向化课程，实现高校课程体系从传统向包含大学生双创教育、素质教育、专业教育的新型体系的转型，从而最大限度地提升学生在综合职业能力、可持续发展素质等方面的水平。此外，要保证教师或企业带训人员具备足够的工作技巧与创业实践经验。

高校大学生双创教育的实践教学要围绕专业教育实践展开，并通过专业实践，将高校大学生双创教育呈现出来，这样才能够在实践环节上真正达到二者的结合。要让市场发挥出调节资源配置的作用，帮助校企双方在开展高校大学生双创教育时明确合作利益共同点，促进产教融合对高校大学生双创教育的开展，以及感情体系转变为市场利益体系，使合作机制更加长久，让行业企业也参与到高校大学生双创教育中。

再次，现在部分院校都已和企业达成了合作育人协议，在协作中，学生可以将就业前实践的专门基底视作短期实践阵地，也可以将其视作模拟就业的场所，并接触专业技能的有关实训。需要注意的是，学生无法脱离校园而有章法地进行创业实践。在建构高校大学生双创教育实践教学机制时，应转变围绕高校第二课堂为展开的、无系统性特征的教学模式，并从产业、专业、地域等多个层面出发，将产教融合、校企结合作为根据，大力培养有充足创业知识、具有较强水平实践能力与创新创业意识的综合型技能人才，把人才培养同社会服务、产品设计开发统一起来，并结合教学过程和项目实施过程，帮助学生将专业知识运用于实践，构建“一线三平台”校企协同的教育机制。

构建校内实训平台时，必须转变开商业一条街的方式，并改变创业实践训练项目与学生专业实践联系不紧密的局面。高校大学生双创教育活动与第二课堂的活动是存在很大区别的，应促进创业实践活动在第一课堂职业实践教学过程中与学生自身职业教育之间的联系。可以设立“大学生创业园”或“大学生科技创业基金”，并以此为基础搭建校企合作的桥梁，让企业参与到校园创业活动中来。当然，也可以给予学生足够的发挥空间，如让学生利用学校资源自主开设工作室。

最后，以市场性为基础。在高校教育产教融合的过程中，高校与行业企业之间要实现资源的共享共用，也就是说，要以互补的原则相互促进，通过互补对方稀缺资源的方式建立共同发展的良性关系，并始终以“双赢”为共同目标。在产教融合制度下，政府应加强宏观管理，改革就业前实践的专门基地建设机制，鼓励行业龙头企业将最新技术和设备投到学校和企业共建的实训平台，同时担负起创业孵化平台的责任，使其既服务于产业链企业又服务于同类高校，既服务于高校的专业教育又服务于高校的大学生双创教育，积极构建良性运转的区域性资源融合平台，创新就业前实践的专门基地投入方式，对行业企业投到实训平台的技术和设备给予适当经费奖励，完善健全产教融合培养具有创新创业素质的高端技能型人才机制。

通过产教融合、校企合作，实现高校大学生双创教育向专业教育实践平台的融入，这种做法能有效确保当前高校进行大学生双创教育的顺利进行。在实施项目教学、案例教学的同时，为学生明确实际工作的正确导向，从而提升学生在创新创业、专业技能等方面的水平。所以，想要促进学校与企业对人才的培养，想要创新具体的岗位实操，高校和企业达成就业前，在协商实践合作的流程时，就应与企业一同规划培养策略，并强化对企业资源的运用，让学生更加透彻地认识企业经营运作，掌握更高水平的技能，从而保证学生不仅可以积累职业实践经验，也可以提升自身的创业素养。

学校和企业要协同各平台，对工作任务或项目实施的规范、监督和信息反馈与评价的机制，实现人才培养模式的升级。正是基于此，高等高校应在行业企业等多元主体利用和依赖高等高校设备与学生等优势资源的同时，对企业、商业协会、政府等相关部门的优势资源加以利用。

当前，我国已经着力打造了多个“高校学生科技创业实践基地”和省、市大学生创业实习、孵化基地。随着国家对创新驱动发展战略实施力度不断加大，各地纷纷出台了鼓励支持大学生自主创业的优惠政策，各高等学校还相继成立了大学生创业实习或者孵化基地，但是目前大部分尚在起步时期。在此背景下，有必要对高校设立学生创业园进行研究与分析，有必要对高校与行业企业开展产教融合进行研究，并在此基础上构建校企联合培养模式。虽然行业企业属于高校教育产教融合的合作主体，但客观上说，其对产教融合的参与积极性十分有限。

为了让更多的企业参与其中，以获得发展资金，高校需要促进与行业企业之间的交流，并在提高自身人才培养产教融合的前提下，努力增强企业对于高等高校产教融合中的参与兴趣。在这个过程中，高校要承担更多的风险、职责和任务。地方政府需要加大对高校经费的投入力度，不断强化高等高校大学生双创教育，而高校要有针对性地建立校企合一的、可用于进行实践探索的就业前实习专门基地，也要配备模拟实训设备、建立模拟公司，让学生可以随时进行创业实践。

四、产教融合的理论基础

（一）杜威的“在做中学”理论

根据美国教育学者杜威的观点，教学的过程也是“做的过程”。杜威表示，一个人“做”的兴趣与欲望，都来源于他自己这个主体本身，而人们所获得的知识经验的基础是主体与客体所积累的经验。此外，在杜威看来，学校的教育要向“雏形”化的社会看齐，也要拥有工厂、实验室、农场等社会组成要素，这样一来，学生在学校便如身处社会，可以用参加社会的心态，根据个人兴趣爱好进行学习。杜威还提出，开展教学时，要保证教学场景足够适合实践生产，即学生可以在相应的场景教学中发挥创造才华，高校或教师要以场景活动为入手点，帮助学生解决在场景活动中的各种干扰因素。

纵观杜威的教学主张，他提倡学生在校期间就需掌握生活、工作等方面的一切知识，其教学理论在当时的社会教育中发挥了重要的创新性影响，其不足之处是在发展过程中存在局限性。然而，在地方工科院校产教融合实践型人力资源探究方面，产教深度融合，要求真正实现产业和教学结合，明确“做”“学”结合的重要性。工科型地方类高校实践型人力资源培养应在理论和实践之间建立联系，强化学生的实践能力与动手能力。杜威“在做中学”理论使得在做中学的思想得以推广，它讲究以活动性、经验性的主动作业代替传统书本式内容的讲授。

根据“教育即生活”“教育即生长”“教育即经验的改造”，杜威探讨了知和行之间的关系，并创造了“在做中学”理论。这一理论本质是强化学生实际操作能力，使学生更擅长于探索问题、解决问题，培养他们从事并适应实际工作的各项素质，这与我国高等教育发展所需的理论不谋而合。杜威根据其哲学观即实用主义哲学观提倡“实用”，并且将其引进教育，开创了以实用主义为主的教育哲学。杜威倡导让学生亲身经历探究的全部过程，和真实世界之间建立联系，从而让学生从被动观察者转变为主动实践者；让学生在自主活动中，逐渐对世界形成认识，进而将学与行结合起来。

杜威强调，对于人类的发展而言，掌握解决问题、探究新领域的技巧是至关重要的，获得这些技巧的方式是接受科学的训练。从整体角度出发，教学活动和科学思维在要素层面要大致相等。根据这种思路，杜威提出了“思维五步”（也称“问题五步”）教学，具体步骤是：第一步，要为学生提供一种具备真实经验的情境，帮助学生提升对某些活动的兴趣，进而持续参与；第二步，要从该情境出发，创造一种能够刺激思维发展的真实问题，让学生有内容可做；第三步，要保证学生拥有充足的知识资料，并能通过观察应对该问题，也就是说，要让学生在“做”时有一定的依托；第四步，学生要循序渐进地剖析并运用其方法，并用实践加以验证，这个过程就是“做”的过程；第五步，要为学生提供足够的检验自身想法的机会，使学生能够自主发现自身想法的优点与不足，即让学生能够检验“做”的成果。

上述“五步”教学不仅用于形容学生的“做”，也涉及学生对“学”的积累。高等教育的目标是培养具备高水平的生产素质、管理素质、服务能力的综合技能型人才，这类人才也要具备很强的实践能力，并可以直接参与“一线”的技术工作。这种“一线人才”，不是单单依靠学历教育在学校里就能培养出来的，他们必须也只有在生产和工作的实践中获得能力、提高能力。正是基于此，高等教育应更注重有效培养学生的职业能力，在教学过程中强调与实践相结合，实现学生的“做”，从而完成学生的“学”，以提高学生适应职业岗位能力的要求，缩短从学校教育到实际工作岗位的距离。

结合杜威的“思维五步”，不难看出，“从做中学”理论在高等教育教学中的应用具体体现在师生关系的准确定位以及教学方法的合理运用上。实施“从做中学”初期，常常会出现一个角色误区，认为教师是“做”的准备者，即为学生准备好所有资料和设备，而在学生真正“做”的时候，教师也不过是个旁观者。

若用这种心态面对“在做中学”理论，结果往往会是学生毫无目的地“做”，与“在做中学”之间并不十分紧密。不管是将课堂搬进实验室或工厂，也不管在教学上采用何种方式，教师都是不可或缺的。教师可以发挥以下几种作用：

首先，给学生创设逼真的经验情境，向学生提出有助于提升兴趣的问题。

其次，在学生“做”了后，为其及时解答疑惑，并开展目的明确的活动和智慧化的指导，帮助学生从操作过程与结果中提炼经验、总结归纳等。

最后，为学生提供能测试“做”的效果的机会。要让学生在做中习得知识，并发展思维。“在做中学”的核心是学习者自身，要求学习者在“做”的过程中，形成“思”而实现“学”，也要求让学生经过自身努力，获得知识、发展能力。它要求学生在学习时不仅要掌握所学知识的内容和方法，而且还要学会如何把学到的知识应用于实践当中。在此过程中，教师的主导作用和学生亲力亲为都是不可或缺的，学生只有在实践中动手动脑，积极主动地分析和解决问题，才能从“做”的过程中运用所具备的知识。

以我国高等教育事业蓬勃发展为背景，教学方法愈来愈重视它的实践性，注重同社会、用人单位需要之间的结合，强调培养学生的实践能力。然而，不管采用何种教学手段，在具体应用过程中仍要注重“教与学”。

根据传统的看法，“教”是指教师立于讲台上，表现特定的言语、动作，并辅以教具、多媒体课件，向学生展示所要传授的知识内容，而“学”则是指学生听讲、观察、写作的过程。 这种观点认为，“教”与“学”应该分离开来。实际上，这种看法值得商榷，因为“教”和“学”不是一个概念，而是两个不同范畴的事物，过多地注重“教”是完全错误的。而“在做中学”是对“教”的更为通俗的解读，“做中学”不是说要学生只去“做”，而是要求学生在教师的引导下，有意义地进行“做”和“思”。这实际上是将“教”这个过程纳入实际情境之中，使教师是在学生“做”时进行教学。“教”和“学”是一种双向互动的动态活动。

（二）陶行知的“教学做合一”理论

我国现代教育家、思想家、学者陶行知具有美国留学的经历，在留学过程中师从杜威、克伯屈等美国教育学家。他在回国之后，便积极地将其在美国所学习到的先进的教育思想与中国当时的国情结合起来进行了教育工作。在 1926 年，陶行知创立了生活教育理论，其所主张的三大教育理论包括“生活即是教育”“社会即是学校”“教学做合一”。而“生活即是教育”则是重中之重。在陶行知先生看来，教育如果脱离了生活，那么教育就是死的，没有生活作为中心的学校教育是一种死的教育。

这种教学理念的改革和践行对于当时的社会来说具有非常好的作用。同时，陶行知还强调，教学应该同实际的生活方式结合起来，这就需要教师运用好新的教学方式，根据学的方法来进行教学。

教与学应该以“做”为中心，做才能够让学生获得全面的知识能力。陶行知先生的理论基础，在以市场需求为导向的产教融合培养学生的模式下同样适用。“生活即教育”用五个字明晰地体现出了知识结构与市场以及社会发展同步的理念。对当今部分地方工科院校的应届毕业生出现的一些问题，解决办法是：在借鉴陶行知先生理论基础之上，使学校所传授的知识能够适应社会经济发展的需求。

“教学做合一”是生活教育理论体系的一个重要组成部分。本书力图从教学方法的层次，评述“教学做合一”的相关问题，以期对该理论作出较好的还原与借鉴。“教学做合一”的形成与发展大体经过了如下 6 个时期：

1. 萌芽期（1917—1925 年）

清末民初各校在改革教学方法时，更倾向于采用移植于日本的赫尔巴特五段教授法。陶行知于 1917 年从美国返回南京高师。在任教育科主任一职时，陶行知觉察到了国内学校“先生只教，学生只受教”的教育状况，强调要改“教授法”为“教学法”，但这个提议最终不了了之。

陶行知于 1919 年发表《教学合一》一文，提倡“教”要围绕“学”展开。五四运动期间，南京高师无暇坚守，陶行知便把教授法都改成了教学法，这就是“教学做合一”的由来。五四运动后，随着社会发展与进步，教育理论研究出现了新变化。

在欧美教育思潮慢慢涌入中国的今天，基于儿童活动等多种新型教学手段，设计教学法、道尔顿制等先后被引进，20 世纪 20 年代初，我国学校开启对其的尝试性实施。这些新的教学方法较为注重对学生参与活动的积极性的培养，在实施不久后便引起了强烈的反响。但深入试行后，人们逐渐认识到，这些新的教学方法没有充分考虑中国的现实状况。基于这种情况，陶行知把“做”引入“教学合一”，主张事情怎样做就怎样学，怎样学就怎样教；教的法子要根据学的法子，学的法子要根据做的法子。这时，虽然“教学做合一”的理论已经成形，但尚未具备广为流传的名字。陶行知于 1925 年到南开大学进行演讲时，受张伯苓先生的影响，将该理论命名为“教学做合一”。由此，该理论进入萌芽发展的阶段。

2. 形成期（1926—1938 年）

陶行知于 1926 年在《试验乡村师范学校答问》《中国师范教育建设论》中详细解释了“教学做合一”的理论概念。晓庄师范成立于 1927 年，以“教学做合一”为校训。在当时，部分人士并不了解该校训的真实含义，陶行知为此专门开展了题为《教学做合一》的演讲，这一理论的思想也得以正式确立。以“教学做合一”为指导，陶行知十分重视“做”，他认为对于一件事，怎么做的就怎么学，怎么学的就怎么教。晓庄师范主张教师与学生共教共学，该校并不实施班级授课制度，其教学方式主打“农事教学做”“院务教学做”等。此外，从整体看，晓庄时期的“教学做合一”与“在做中学”是不同的，但还是有某些细节之处十分相似，即“背叛不彻底的地方”①。

3. 发展期（1939—1948 年）

育才学校于 1939 年在重庆成立，经长期实践，其“教学做合一”与晓庄师范时相比，多了不少新鲜的元素，并且完全摆脱了杜威“在做中学”的模式。具体来说：这一时期重视集体生活，强调学生应在身处集体的情况下，展开积极的自治、探索与创造，追求真理及新的价值；要求学生既要掌握基本技能，又要掌握基础知识。育才学校课程分为普通课、特修课，前者以让学生掌握国文、外国文、数学、科学方法为目标，后者包括文学、戏剧、音乐、绘画、自然和社会，其宗旨是给具备特殊才能的学生提供特殊营养。育才学校重视发挥教师作用，各专业组主任都是各行各业的精英专家，同时学校本身也主张更进一步地引导学生。育才学校不再对班级授

① 黄艳．产教融合的研究与实践 [M]. 北京：北京理工大学出版社，2019.

课制持全盘否定的态度，且认为在分班上课的不同学科里，国文、数学和外国文最具经济性特征。学校还发布了《公约》，以维护学校的教学秩序。此外，育才学校也大力提倡课堂教育要与社会实践相结合。学校学生“按年龄大小与工作经验之配合，混合组成若干社会服务队，专司附近村落社会服务”。学生通过对外的社会服务活动实现了在“做”上学，在“做”上教。

4. 批判期（1949—1977 年）

陶行知逝世于 1946 年，同时期，很多文章对“教学做合一”的价值与其蕴含的唯物主义思想表达了肯定。1950 年，为纪念陶行知逝世五周年，各地纷纷发表特刊与文章，来评价陶行知的生活教育思想具备“巨大革命意义和创造性”。然而，一些人认为，“教学做合一”在所适合环境上存在限制，不适合如今的大众化、科学化的教育模式。

在 1951 年 5 月以后，某些批评者指出陶行知的教育思想源于实用主义，“教学做合一”并不正确，它忽略了系统科学知识，仅适用于零碎的生活经验教学，但这种观点并未得到普遍认可。此外，还有批评者认为“教学做合一”把书本当成工具，什么都是从体验开始，这种教学方法存在很大的问题。当时，相比对陶行知的肯定，对其批判的评价要更多。

陶行知的教育思想在 1957 年再次进入一个短暂重评期。《文汇报》在当年的 2 月发表了梁忠义《陶行知生活教育思想与杜威实用主义教育思想的根本区别》一文，该文将生活教育理论视为近代中国民主革命阶段所确立的教育思想体系。邓初民通过《陶行知先生在中国教育史上的地位和作用》的文章表示，“教学做合一”的教育思想扭转了封建社会学生“死读书”的局面，讲究理论与实践统一结合，其教育意义及其深远。但在 1958 年起，学界又开始对“教学做合一”的教育理论展开抨击与批评。有学者认为，“教学做合一”夸大了“做”的危险性，即使它表达出对“死读书”的反对，但这种理论依然拉低了课堂教学效果，也没有凸显出对系统知识讲授的重视。程志宏指出，“教学做合一”的教学方法从其理论根据来看，就是一种资产阶级经验主义的教学方法，必须将其批判掉。另有学者认为，“教学做合一”的实行必然取消了教也就取消了学，所剩的只有盲目的“做”

了，这样就降低了教师在教学中的主导作用，它与教育、与生产劳动相结合的教育方针有着根本不同。

5. 重评期（1978—1984 年）

在 1978 年召开的十一届三中全会上，某些研究者站在宽松的研究环境的角度，客观地评价了陶行知的生活教育思想。此后的两年里，仍然有人在研究“教学做合一”的不足之处。如在《陶行知的生活教育》一文中，李桂林认定“教学做合一”是一种大胆的尝试，其实用主义特色十分显著，容易极端地审视对问题的解决，这无形中弱化了产教融合的效果，这种方法更多的会培养出只能在点滴处改良现实的人。

在 20 世纪 80 年代中期，研究者普遍认为，陶行知的“教学做合一”具有创新性、革命性和科学性等特征，以人民群众的实际情况为基础。陶行知的“教学做合一”思想，与杜威“在做中学”有很大的差异，不是杜威教育学说的再现。可以确定的是，陶行知的教育思想观点对当时乃至以后产生了深远的影响。

6. 运用期（1985 年至今）

在 1985 年颁布《中共中央关于教育体制改革的决定》之后，有关陶行知的研究再一次迎来新阶段，“教学做合一”得到了研究者的广泛认可，并且在课堂教学、培养师资和其他各类教育教学实践领域当中得到了广泛使用。

“教学做合一”的理论在 1985 年之后表现出来的特征如下：

首先，注重“教学做合一”在实际中的具体应用，关于它的理论探讨却稍显单薄。关于该问题的研究，主要集中在教育学领域。大多数研究者都赞同“教学做合一”所具有的优势与巨大潜能，这种教育方法也在师范生培养、儿童早期道德能力发展、课堂教学更新、学科教学的改革、高校高专教育的教学改革等方面得到了一定的应用。“教学做合一”理论的应用自 2007 年以来愈加突出，2011 年陶行知 120 年诞辰纪念活动的开展，更加拓展了“教学做合一”等的应用范围。

其次，一线教育者成为人们关注的焦点，他们中有很多讨论并应用了

“教学做合一”的教育思想。在当前教育背景下，“教学做合一”作为一种先进的教学方法，受到了越来越多教育者的重视与推崇。在“教学做合一”教学实践运用价值已为多数理论工作者所认可的情况下，很多一线教育工作者都开始根据自身的教学工作，积极投身到“教学做合一”等实践研究中。

最后，研究者在“教学做合一”理论讨论中，理性解释了其理论内涵，也在具体实践中加深了自身对“教学做合一”的认识。

陶行知将“教学做合一”运用与具体环境中，且从该教学方法的实际出发为其配备教材、规划课程，力求将实现方法与内容进行有机结合。例如，育才学校以培养特殊才能的人为核心任务，“教学做合一”的方法分别对应六个小组，其课程也大有不同。内容和方法的统一，让这种教育思想迸发出无限的能量。想要改革教学方法，就要考虑课程、环境、教材等诸多因素，忽略了这些因素，方法与内容就会产生割裂，还要仔细考量具体环境，为改革寻找稳定的立足点。当然，为其选择正确的价值取向也是持续发挥其作用的关键。

（三）福斯特的“产学合作”理论

英国学者、教育家福斯特在现代产学合作中具有非常重要的代表价值，他的产学合作理念对教育界的发展来说具有很高的战略性。福斯特认为，产学合作的过程中应该先从课程职业化设计出发，以理论基础为切入点，最终搭建就业化平台。同时，在高校中，中、低级人才的培养应该注重走“产学融合”的道路。正是基于此，学校在开展各种职业培训计划的过程中应该从以下几个方面进行培养和改造：

第一，要控制好地方工科院校发展的规模，在拓展学生能力的基础上要结合社会经济发展的现实状况。

第二，要对地方工科院校的课程进行合理改革，提升工读交替的“三明治”课程所占比例。

第三，要控制好地方工科院校中生源的比例，有可能的话，让在职人员成为地方工科院校生源的主要来源渠道之一。对于发展中国家而言，福斯特提出的产学合作理论是非常值得参考的。

福斯特在当代国际高等教育理论界中十分具有影响力，他从事高等教育理论研究长达数年。在《发展规划中的高校谬误》这篇文章发表后，福斯特可谓闻名于整个世界。

福斯特在高校思想中的很多观点都为世界银行所参考运用，这些观点也被转化为政策性文件的内容，引导着如今世界范围内很多国家的大学发展。本书认为福斯特对高等教育发展问题的思考与研究具有深远的影响和意义。20 世纪 60 年代，西方“发展经济学”流行一时。在该理论看来，发展中国家的经济增长“可由政府来扮演首要角色”，也可以考虑实施集中的、非面向市场的计划策略。在这种观点的影响下，教育理论界有学者提出“人力资源说”，这种学说提倡学校可按照政府经济发展计划及“长期性人力预测”状况，提供接受过知识与技能培训的人才，进而推动经济建设。就教育发展战略而言，该派主张发展中国家要注重对学校形态高等教育的资金投入，同时普通学校课程之中要添加高校内容，这样可以推动经济发展。除了联合国教科文组织与世界银行外，还有很多国际组织也比较认同人力资源说，这使得这一学说被很多发展中国家用于指导教育、经济等方面的发展。

英国经济学家巴洛夫是持这种观点的代表人物。与巴洛夫主流派理论相对的是长期研究发展中国家教育状况的福斯特。福斯特根据自己多年来的研究经验与成果，创作了《发展规划中的高校谬误》，这本书系统地表述了福斯特从教育发展角度所倡导的高校思想，所提出的很多看法与巴洛夫代表的主流派理论大不相同。由此，历史上二十多年的关于高校理论的论战拉开了序幕。最终，福斯特在这场论战中坚持了下来，其教育流派顺利成为当今高等教育中最具影响力的学派。

五、产教融合的功能与作用

产教融合是指生产和教育进行融合，进而促成共同协调理论知识、实践知识的传授，并使二者进行融合，提升实践素养。产教融合是现代职业教育发展的必然趋势，也是各个院校适应市场需要的必然选择。开展产教融合、校企合作，能为学生在理论学习的空余时间提供更多实践机会，并提高他们的岗位能力、实践能力。产教融合综合了企业、政府、学校、社会组织，并实现了资源的整合与配置的更新，能有效提高教师的各方面素养。产教融合要求高校教师不断提升自身综合素质，以紧跟产教融合的步伐。因此，产教融合能够有效提高教师产教融合的意识，并能够推动教学改革的发展。对于高校教育而言，产教融合是一种十分新颖的发展模式，它符合教育的未来发展趋势。在对产教融合教学模式进行探索与发展的过程中，高校的课程设置、教学内容、评价方式等都面临着调整和变革，进而助推高校教育改革的深入。产教融合的根本任务是通过创新教育形式、整合教育教学的资源、提高教育产教融合的水平，达到提高学生岗位技能和实践能力、满足社会的需要的目的。同时，产教融合有利于企业的技术革新、生产水平和效率的提升，促进企业的高速和高质量发展。由此可见，产教融合是实现学校和企业共同发展、全面提升的重要手段和有效途径，是高校教育价值、社会价值和经济价值的集中体现。产教融合能确保高校从企业需要出发培养人才，并且把理论学习、具体实践、知识传授、科学研究相结合，在人才层面与智力层面为企业的发展提供支持，进而增强我国企业综合质量，推动社会主义市场经济的长久发展。

（一）有助于专业定位和建设

企业与高校密切协作，企业可以在第一时间感知社会经济发展道路变革，并把所需的人才培养标准提供给各个院校，使之及时进行调整，让专业定位与时俱进。从教育层面看，我国高等教育有一个显著特点，那就是以职业学校为主，培养的人才大多具备入职初期的技术技能，而在经济领域中，行业企业与人才的正规职业培训关系度不高。于是，高校迫切向产教融合、校企合作的共同育人的职业教育转变，但其难度也相当大。

企业拥有丰富的技术能手，对于行业需要的人才定位比较清楚，能够给专业定位和学科发展“把脉”。产教融合、校企合作培养技术技能人才是国际高等教育成功国家的共同规律。呼唤和渴求产教融合、校企合作培育技术技能人才在我国有着深刻的教育和经济背景。从经济领域看，我国正在进入工业化中期，努力实现产业升级转型、建立创新驱动的现代产业体系，对复合型和创新型技术技能人才的需求在鞭策行业企业作出变革。

从教育层面看，在我国高等教育中，比较明显的特征是职业学校会将很多初入岗位所需的技能传授给学生，而经济领域行业企业与人才的正规职业准备教育之间的关联并不紧密，而高校在产教融合、校企合作等方面的需求十分明显，当然其过程也存在诸多困难。在社会对复合型、创新型技术人才的需求不断提升的情况下，行业企业实施变革已是迫在眉睫的任务。

产教融合，校企合作培养技术技能人才，国际高等教育成为成功国家共有的特征。改革开放以来，伴随着经济社会快速转型升级，我国产业结构调整步伐加快，企业对技术技能型人才需求日益迫切。近年来，我国高等教育取得了巨大进步，但仍然面临着一些突出矛盾与挑战，其中最重要的是如何适应新形势需要。党的十八届三中全会强调，全面深化改革，其总体目标就是要不断完善、不断发展中国特色社会主义制度，大力促进国家治理体系的建设发展与治理能力的现代化转变。实现这一宏伟目标需要依靠全社会力量的推动改革，而这一切都离不开高等教育作为重要支撑条件，发挥其引领作用。要实现这一战略目标，必须深化高校体制改革、创新人才培养模式、优化专业设置结构、加强教师队伍建设。

实行校企合作、工学结合的高等教育人才培养模式，是技能型人才培养的有效途径，体现了高等教育的本质特点。高等教育所肩负的培养技能型人才的任务需要高校与行业企业共同承担，日益成为高校、广大企业和社会各界的共识。

将“单维”管理理念转化为“多元”治理理念，发挥治理理论的指导作用，学习国际先进经验，为高等教育的多元治理主体划定职责权利范围，并实现管办评等方面的分离，不断更新治理机制、优化指标，这些都可以有效提升社会的整体经济效益。第一，要健全高等教育治理机制，用现代化的眼光审视高等教育治理能力，这对于我国技术技能人才培养、可持续发展都是十分有利的，可以加大调整高等教育服务产业结构的力度，并有针对性地改变经济发展方式，使之更行之有效。第二，对高等教育治理体系和治理能力现代化的研究，有助于促进我国社会民主与全面提升，增强人民群众学有所教、学有所用的终身学习途径和机会，依靠高等教育提升国民素质和发展能力，提升体面就业、幸福生活的民主和谐境况。

（二）有助于课程建设

课程体系为学科发展提供了载体，企业岗位上各种类型的培养，都离不开课程体系，只有通过学习相应的课程，才能掌握岗位要求的技能。目前，我国高校和职业院校之间的校企合作还处在初步探索阶段，因此要想进一步提升人才培养质量，必须加强校企合作。根据相关研究，高校校企合作既存在以往就存在的问题，还存在在发展中出现的一些新问题，这要求政府从整体上研究解决办法，在总体上促进合作发展及其不断深化。相对来说，企业对于岗位职责的认识更为深刻，能细致地计划每个工种的工作任务，而后不仅把岗位职责标准变成课程标准，也用课堂教学案例概括企业项目的实际过程。

（三）有利于提升教师的社会服务能力

校企双方经常互派人员轮岗实训，企业派专业技术人员到校为师生讲学，有利于提高师生的实践操作水平。高校派教师下企业锻炼，在企业生产一线，教师实践能力能够得到比较大的提高。研究、探讨校企合作促进政策的制定和实施是一项重要的攻坚任务，需要深挖现存的问题，运用理论分析其原因，并将其放在国家宏观层面来思考解决的思路和办法。实行高等教育校企合作的促进法规，为明确高校、企业和政府部门职责，预防学生在实习期间意外伤害事故，保护企业商业秘密等提供了法律依据，为高校和企业合作培养高素质技能型人才，促进校企合作可持续、健康发展提供了法律保障，也是完善我国地方校企合作法规的重要标志。

高等教育培养人才时，采用校企合作、工学结合的模式，既要培养应用型与技能型人才，又与我国教育与生产劳动结合、培养综合型人才的基础教育原则相契合，这在宏观上构建了一种思想框架，有效推动了国家高等教育校企合作推进的相关规章制度的规划与出台。鼓励地方先行先试，吸收地方创新经验。

国家要从教育、经济、劳动三个维度入手，仔细更改并修订现有的法律法规，从而在宏观层面优化国家高等教育产教融合校企合作制度的法律体系。

（四）有利于学生毕业后就业

企业会根据其人才定位培养人才，从而让学生及时掌握最新的行业技术，毕业后就可以直接上岗，这将有效提高就业率，推动就业产教融合的建设发展。

高等教育校企合作分类就是以高等教育校企合作共同点与差异点为分类基础，根据规范运用特定办法，并从特定原则出发，划分系统，并对其归类。校企合作种类繁多，并不是各类企业都会自发主动地参与校企合作。

第二节　构建产教融合的育人体系

一、学分制体系改革

学分制是选课制、导师制和弹性学制相结合的教学管理制度。学分制改革是人才培养机制改革的重要组成部分。实施学分制，学生的主观能动性、学习积极性会被充分调动起来，“因材施教”“以人为本”的教育思想也可以被体现出来。学分制是公认较好的教学管理制度，目前，学分制在我国高校已经得到了广泛运用。追根溯源，学分制起源于选课制，18 世纪末的美国哈佛大学校长查尔斯•埃里奥提出主张让学生“学习自由”，即让学生拥有选择学习的自由，在学业上追求卓越的机会，对自己行为习惯负责的训练。他试图通过选课制，给予学生学习的自由。

一方面，选课制通过开设高阶段、跨学科、跨专业的课程供学生选修，实现学生素质能力水平和知识面的提升，促进学生全面成长；另一方面，学生通过自主选课，学会思考和建构自己感兴趣的知识体系和能力素质，提早学会对自己的行为负责，增强自主意识。选课制可以突破学年制的限制，从而拓展学分制的普及范围。

（一）实行动态弹性学分制

以建设开发区科学城产业学院为契机，广州科技贸易职业学院不断开展学分制改革创新探索，与时俱进地实施动态弹性学分制，修订了学分制实施细则，目前采取的最长修业年限为 6 年，为个性化培养奠定了坚实的制度基础。

此外，为满足学生创新创业的需求，学院规定学生在校期间可申请休学，进行创新创业，学生可以利用休学修业实践自由创业，也可以随时返校学习。学生修够学分就可以毕业。

（二）深化人才培养方案改革，夯实学分制基础

学分制改革的核心是给予学生更多自主选择和自由发挥的空间，通过修订人才培养方案，有效解决“难以让学生有充分的时间做自我学习和自我发展”的问题。学院以产业学院建设为契机，对各学分制试点专业人才培养方案做了相应调整。一方面合理调整选修课学分比例，选修课比例高于总学分数的 20%；另一方面调整实践教学，使实践教学普遍超过总学时 50%，现代学徒制试点专业实践学时超过 60%。让学生有充分的时间进行自主学习和实现自我发展，鼓励学生把更多的时间用于创新实践，获得创新创业实践学分。

（三）建立导师管理机制，加强学习过程管理

各专业建立导师管理制度，由专任教师组成导师队伍，指导学生完成在校期间的课程学习，规避未知风险，从而提高人才培养质量。同时，导师按学生考勤、课堂作业、日常表现等记录学生学习过程，强化学生自主学习意识、提高学生自主学习能力。建立学业预警机制，由教务处、二级学院、导师组成预警信息小组，加强对学生预警的提醒，提升学生学习质量。

（四）实行开放的转专业及辅选重修制度

充分尊重学生的兴趣和特长，给学生提供更多自主学习的选择权。学生进校一学期后可根据自身情况，按照学校要求提出转专业申请，转到利于自身发展的专业进行学习。学校每学期开设“人文与素养”“科学与技术”“社会与经济”“艺术与审美”“运动与健康”五大类 100 余门通识教育公共选修课，供学生进行选修，促进学生个性化成长。鼓励学生开展“1+X”证书试点学习，辅修多个证书课程，置换其他课程。支持学生自主学习，对已修读过的课程，只需随班修读 1/3 的课程，其他采用自学完成，缓解学生学习时间上的压力。

（五）以学生为本，建立学分互换认定管理制度

学院制定了《学分制管理办法》《学分互换认定管理办法》，在全校范围内全面推进学分认定与互换、学分绩点改革，学生通过选修相关课程、开展技能竞赛、社会实践、职业技能证书、“1+X”证书等取得的成绩可以认定转

换为相应学分。同时，以高职扩招退役军人班、现代学徒制班为试点，探索并实施了校企课程学分互认、成果学分互认等试点，通过学习企业中的相关课程，学生可以进行学分互换、成绩互认，从而提升学生选课的自主权，也可以在很大程度上提高学生的技术创新素养。

（六）建立个性化校企合作课程

利用产业学院丰富的产教融合基地，各专业开发了大量的校企合作课程，学生根据自己的专业兴趣和专业特长进行个性化的课程选课。部分理论课和实践能力培养类的课程可以互认，学生根据自己的意愿，还可以进入校企合作实践基地修读相关课程，获取相应学分，也可根据自己的学习能力和时间安排，提前修读专业课程。

二、“1+X”证书试点

国务院于 2019 年出台了《国家职业教育改革实施方案》，强调在职业院校、应用型本科高校实施“1+X”证书制度（学历证书 + 多种职业技能等级证书），以此帮助职业院校的学生在获得学历的同时，也可以通过自身学习获得多种职业类技能等级证书，拓展自身的技能储备。同年，包括教育部、发改委在内的多个部门联合发布了《关于在院校实施“学历证书 + 若干职业技能等级证书”制度试点方案》，“1+X”证书制度开始正式推行。教育部也在第二年前后通过公布该制度试点院校、发布相关证书时点名单的方式，加快了“1+X”制度的实施速度。

“1+X”证书制度与人力资源部门设置的职业资格或等级证书不同，是教育系统内部对职业教育与培训体系的完善，促进了高校推行学历教育与培训并举，促进了人才培养模式和评价改革的深化，也对专业人才培养方案的制定和内涵提出了新要求。“1”指的是学历证书，是学习者完成国家学制系统内规定的学习任务后所获得的学历证；“X”为若干职业技能等级证书。“1+X”证书制度要求学生在获得学历证书的同时，取得多种职业技能等级证书。“1+X”证书制度实质上是为了改革职业教育与培训体系，完善国家职业资格证书制度，促进校企合作、产教融合的一项举措，鼓励职业院校学生在取得学历证书的同时，积极考取多类职业技能等级证书，从而提高学生的就业竞争力，缓解就业压力。

实施“1+X”证书制度，要以校企合作为契合点，推进产教融合、工学结合教育的实施。广州以开发区科学城产业学院建设为依托，按照政校行企的多跨度合作模式，引入企业进行技术平台支撑，与开发区多个高新技术企业共同开展产教融合改革实践，构建校企合作长效机制，以“1+X”证书制度实施为导向，深化专业群及课程体系建设，推动学院与社会企业实效性合作，为学生等级证书的获取提供广阔的平台；与企业建立良好的合作关系，根据市场发展趋势，校企共建人才培养方案，推进“1+X”证书制度的实施与运用，达到良好的培养成效；深化“三教”改革，提高专业适应经济社会发展需求的能力；结合职业技能标准和教学标准，不断创新教学方式，构建课证融通的课程教学形态；建立与“1+X”证书制度相适应的学分制改革、成效反馈和评价机制；加大宣传力度，普及“1+X”证书制度的重要性，提升社会认识，转变大众看法，推动“1+X”证书制度落实，提升人才培养质量。

（一）深化专业群及课程体系建设，为“1+X”证书制度打好基础

试行“1+X”证书制度，要求合理组建专业群。我们不能简单地将专业群制看作知识逻辑，它也是产业逻辑、岗位逻辑。所谓的“X”职业技能证书并不单纯形容知识素养技能，也有具体的行业与职业岗位的含义，唯有将知识、行业、职位融合起来，才能构建与“X”职业技能证书的联系。

“1+X”证书制度试点显示了高职人才培养目标由过去的技术技能型人才向复合型技术型人才转变，这就要求其专业群要与产业集群或产业链对接，专业群内的专业要与具体的职业岗位对接，且这一岗位在区域内要隶属于支柱产业、新业产业或高新技术产业；专业群教学标准与“X”职业技能证书教学标准对接，这里的专业群教学标准并非群内专业教学标准的简单组合，而是根据专业群教学目标，在群内各专业教学标准的基础上结合职业技能证书教学标准后重新制定的教学标准，确保专业群教学标准与“X”职业技能证书

教学标准的有机融合。打破以专业为单位的课程壁垒，构建以专业群为单位的课程体系。遵循“底层共享、中层分立、高层互选”的构建原则，形成拓展能力进阶式课程架构。“底层课程分享”是指把公共基础课程、专业群平台课程划入底层课程范畴，提升专业群的平台课总量；“中层课程的分立”是指在一个专业群中，选择核心课程进行教学，最大限度地降低专业核心课程占比；“高层课程相互选择”是指针对某一个专业群，扩展其专业方向，增多其课程，为学生提供充足的拓展课程资源。此外，要按照“1+X”证书制度的要求，针对每一个专业群，精选多个职业技能等级证书，有效结合职业技能标准和专业群中对应课程的教学标准，借助专业群丰富课程资源，使职业技能证书的标准和课程内容保持一致，并将其设计成“课证融通”课，在课程内容和证书教学内容之间建立联系，构建专业群的“课程融通”体系。

（二）“1+X”证书制度与人才培养方案相融合

专业人才培养方案是教学实施的指导性文件，学校是“1+X”证书制度的实施主体，在制定人才培养目标时，要与企业紧密合作，深入研究职业技能证书标准与专业标准之间的联系，推进“1”和“X”的有机衔接，将证书教学内容及要求有机融入专业人才培养方案，统筹学历证书与职业技能等级证书、职业技能等级标准与专业教学标准、培训内容与专业教学内容、技能考核与课程考试，及时将新技术、新工艺、新规划、新要求融入专业人才培养，将证书内涵融入相关课程和教学环节，使专业人才培养工作主动适应发展新趋势和就业市场新需求，促进毕业证书与技能等级证书对接、融合，实现产教融合理念下的人才培养。

（三）“1+X”证书制度与“三教”改革相融合

深化“三教”改革，提高专业适应经济社会发展需求的能力，将“1+X”证书制度的实施与课程、教材建设相融合，及时将企业新技术、新工艺、新规划、新要求融入课程改革，以企业为中心，参考企业的生产流程、标准、工艺等，实现教学内容的创新，将产业发展的实践案例融入教材，实现教学内容的延伸与拓展，让学生能够学习、了解企业的发展实际，为专业技能等级证书的获取提供学习保障。根据岗位工作要求，推进岗位知识内容与专业知识内容融合，采取有效的教学方法，将岗位重要知识内容传递给学生，这种做法不仅可以提高学生对于学习的积极性，也可以加深学生对教材、岗位知识内容的认识，并能推动课程及教材建设适应发展新趋势和就业市场新需求。建立与“1+X”证书制度相适应的专业教学团队、提升教师开展职业技能等级证书培训的能力。编制“1+X”证书制度下的专业教学标准，将职业技能等级标准、教材和学习资源开发、考核发证交由第三方机构实施，有利于客观评价专业人才培养质量。

（四）构建课证融通的课程教学形态

对于“1+X”证书制度试点而言，在教学上的实施十分关键。作为一种体系，“X”证书制度是很标准的，与日常知识和技能体系存在差异，通过常规密集训练、刷题的手段，帮助学生迅速熟悉考试内容，进而在考试中获取高分，这种做法有悖试行“1+X”证书制度的本意。试行“1+X”证书制度，要以现有教学内容为依托，把“X”职业技能标准与教学标准结合起来，不断革新教学模式，进而使教学形态更加合理。如将“X”职业技能证书教学与现代学徒制试点专业的教学改革相结合，进一步强化工作过程导向，以企业真实项目作为“X”职业技能证书教学的有效载体，将X职业技能证书的教学要求与企业的真实项目相融合，优化“双师”（学校教师与企业师傅）教学，实现“双师”共救共训模式，促进理实一体有机融合。将“X”职业技能证书的职业技能等级标准与教学标准融入课程教学中，融入教学改革过程中，促进教学质量提高。

第三节　建立产教融合、校企合作模式

一、校企合作的理论基础

从目前来看，我国对于校企合作的研究与分析工作已经取得了一定的成果。其中，关于校企合作的观点主要有三种，分别是“模式说”“机制说”“中间组织说”。

（一）理论学说

1. 模式说

主张“模式说”的学者认为校企合作是一种新的人才培养模式，即充分利用高校的教学资源和企业的社会资源，通过课程教学与企业实训的方式来培养人才的模式。校企合作是学校和企业在多个方面的合作，其中包括师资培养方面的合作、学生就业方面的合作、教学活动方面的合作等，这样不仅有助于明确高等学校教育的教育目标和人才培养目标，还有助于为企业提供理想的实用型人才，充分发挥高校和企业在各自领域的优势。对于高校而言，校企合作能够为学校提供实训基地，为学生提供实习岗位；对于企业而言，校企合作能够为企业提供高素质的专业型人才，节约培训时间，保证企业职员的工作效率。

2. 机制说

主张“机制说”的学者认为校企合作是一种以市场需求为方向的运行机制，其目的在于培养学生的专业素质、专业技能和实践能力。在开展校企合作的过程中，高校为学生提供大量的专业知识和专业技能学习资源，企业为学生提供实习岗位，从而形成一种相互作用的运行机制，不仅有助于提高学生的就业率，还有助于保障企业的人才供给，从而进一步促进社会经济发展。从整体上来看，高校和企业的合作主要包括四个方面的内容：第一，师资培养和科研合作；第二，资源共享与技术层面的合作；第三，培育与实习方面的合作；第四，专业设置与课程开发层面的合作。

3. 中间组织说

主张“中间组织说”的学者认为“校企合作”实质上是中间组织，校企合作的目的在于为企业或组织提供优秀的实用型人才，高校与企业或组织进行合作办学，使高职学生的专业知识有用武之地，从而提高高职学生的专业素质和实际工作能力。校企合作有助于加强高校和企业或组织的沟通交流，使企业或组织能够优先选择高校的毕业生，从而提高企业或组织整体的实力，并促进社会稳定发展。

除此之外，国内一些学者还从校企合作形式和深度方面对校企合作的概念进行阐述。从校企合作形式和合作的深度来看，校企合作共有三种层次的合作，分别是浅层次合作、中层次合作、高层次合作。其中，浅层次的校企合作具体表现为高校的专业方向以企业需求为主要方向，高校为学生提供实习指导服务，企业则为高校学生提供实习岗位；中层次的校企合作具体表现为企业以高校为企业人员培训场所，高校联合企业共同开展培训工作；高层次的校企合作具体表现为学校与企业展开深入合作，高校以企业的发展方向来设置教育内容和专业体系，企业则将高校的研究成果物化。

还有一些学者认为可以从校企合作的过程、原则等方面对校企合作的概念进行阐述：校企合作建立在平等互利原则的基础之上，因此不仅要充分发挥高校的教育资源优势，还要充分发挥企业的社会资源优势，使学生在接受课堂教学的同时，也能够在企业实训基地中锻炼自身所学的技能，而企业可以通过实训的方式来培养学生的综合能力，从而更好地适应自身发展的需要。校企合作办学是高校和企业共同开展人才培养工作的过程，高校和企业的共同目的是提高学生的综合能力和促进学生的全面发展，引导学生朝着应用型人才方向发展。

综上所述，校企合作具体表现为一种人才培养模式，但与其他人才培养模式的不同之处在于，校企合作办学能够发挥高校的教育资源优势和企业的社会资源优势，从而更好地开展师资培养、学生就业、教学研究等工作。校企合作办学实现了课堂教学与现场实践的有机结合，这样能够更好地为企业或组织培养应用型人才。与此同时，校企合作办学加强了高校与企业之间的互动，使学校的教学效率得到显著的提升，并保障了企业的人才供给，从而实现了高校与企业的双赢。

（二）校企合作的本质

从社会发展的角度来看，校企合作办学是一种以满足社会需求为主要方向的运行机制。在开展校企合作办学的过程中，高校不再单独进行教学计划的研究工作，而是与当地企业共同研究教育内容。开展校企合作办学对于高校和企业都具有重要的意义，不仅可以充分利用高校和企业的资源优势来满足学生的学习需求，还可以明确企业的人才需求，并制定相应的人才培养目标，从而为人才培养提供明确方向，与此同时，还能够更好地保障学校的就业率以及企业的人才供给。

校企合作办学对于培养应用型人才具有重要的意义。校企合作指的是高校与企业以合作的方式来开展人才培养工作，其中企业对于人才的需求是推动校企合作办学的重要推动力量，不仅有助于明确高校的人才培养目标，还有助于提高高校办学效率，从而更好地培养具有较高专业素养的应用型人才。

换言之，高校与企业合作办学的主要目的是提高高校的办学效率和保障企业的人才供给，更好地推动教学工作内容与市场发展同步，从而培养具有高专业素质和较强工作能力的应用型人才。

另外，开展校企合作办学有助于加强高校与企业之间的联系，充分发挥双方的资源优势，从而进一步提高学生的综合素质和整体能力。

二、校企合作的模式

（一）订单培养模式

1. 模式简介

随着劳动就业准入制度在全国范围内不断普及，特别是在职业教育就业市场供大于求的当前形势下，用人单位十分希望减少用人前的培养成本，也十分希望录用的人才可以在不接受岗前培训的情况下直接上岗。这就使得许多学生在学习期间必须经历一个从学校到企业的过程，即由理论教学向实践操作过渡，从而实现“零距离”就业。

订单培养模式指由职业院校和企业联合签署培养协议，企业参与人才培养方案的规划过程以及人才的培养与管理，并委派具备充足理论知识、实践水平高的专业人士来校兼课，像教师一样为学生讲授工作所需技能，直到他们开始顶岗实习。企业也要提供实训设备及场地，在学生学费、奖助学金方面开放一些优惠政策，保证学生在毕业后，具备直接进入本企业开展工作的能力。订单培养模式直接面向用人单位培养实用型人才，避免了人才培养的盲目性，具有较强的针对性。学生的学习目标明确，学习主动性和积极性高，有利于学生职业素养的形成，缩短了学生进入企业的适应期。订单培养模式彰显了校企合作、工学结合的人才培养特点，能够实现学校、企业和学生三赢的效果，其培养的毕业生不仅具备扎实的专业知识和较强的实践能力，而且还具备良好的职业素养，深受用人单位的重用。

2. 模式优势

订单培养模式具备的优势：首先，它可以全面整合社会教育资源；其次，企业可编制中长期人才规划，并确保其贯彻落实；最后，学校人才培养具备更高水平的指向性和目的性，能够让学生的职业生涯规划变得清晰。

（二）资源共享模式

1. 模式简介

资源共享模式主要由学校或企业的一方来实现，另一方发挥辅助作用，并通过协议，明确双方的责任和义务，对优质教育资源进行共同运用、共同管理，各司其职，将校企共赢作为实施方针，不断培养新型人才。

资源共享包括师资共享、实训基地共享、平台共享等几种类型。以“两位一体”为背景，学校教师与企业技术人员互相兼任对方的角色，进而解决多种类型的工作难题。

在人才培养上，专业教师与企业技术人员共同制订人才培养目标和计划，对课程、教学内容进行分析，双方携手完成教学计划。校企合作共建、共享、共用实训基地，实现“校中厂”“厂中校”。这些基地一方面为师生了解企业、接触专业实践提供了良好的机会，另一方面培养学生职业素质、动手能力和创新精神，更便于企业优先选拔人才，满足企业日益增长的用工需求，实现校企“双赢”。在平台共享方面，学院积极组织专业教师利用知识优势参与到企业的生产实践中，解决企业实际技术问题，推进成果在生产服务和教学实训领域的应用，企业则可充分利用职业院校场地、设备、教师资源，在职业院校建立企业研发基地培训基地等。

2. 模式优势

资源共享模式具备的优势：首先，可以有效节约和整合资源，实现资源收益的最大化；其次，在到企业钻研专业操作技能、掌握专业发展情况、把握市场动向后，专业教师可以拓宽自身视野，优化自身专业操作技巧；再次，在学校教育和培训资源的助力下，企业可以提升员工整体素质；最后，能够实现优势资源的共享利用、交叉融合，进而收获意想不到的效果。

（三）“工学交替 + 顶岗实习”模式

1. 模式简介

国务院于 2005 年指出，必须提高实施生产劳动、社会实践互相结合模式的积极性，以工学结合为重要切入点，不断完善高校教育人才培养模式。从 2007 年开始，全国范围内的高校都在积极改革人才培养模式，并探索与企业专业相契合的人才培养模式与发展途径。我们从多年实践的经验中发现，最符合目前职业教育人才培养需求的模式是“工学交替 + 顶岗实习”。一方面，这一模式可以有效节省校企之间的投资，另一方面，这一模式也能为学生提供真实的实践情境，鼓励学生学以致用，进而为毕业后快速入职开展工作做好准备。

学生利用假期，到企业进行岗位认知，了解行业状况及企业的文化理念、管理制度等，提前接受职业技能、职业道德、安全意识、劳动纪律等，培养学生强烈的责任感和职业精神；学生到合作企业对其产品、管理程序、生产操作流程等进行现场观摩与学习，亲自动手制作产品、参与产品管理等，初步掌握岗位工作要求，有效增强协作意识、就业意识和社会适应能力。同时可以根据学生的问题与反馈，改革教学方法与教学内容为进一步提高教育教学质量培养合格人才积累经验。

学生顶岗实习，指的是学生在校期间按教学计划学完要求的知识与技能后，经由学校推荐，学生也可自荐，去用人单位顶岗实习一年。学校与企业签订挂牌协议，为学生提供生产实习基地，并实现实习就业一体化；企业主动接纳去企业职位上进行实习的学生，并根据相关条款及实习合作协议，为学生提供合理报酬。

2. 模式优势

“工学交替＋顶岗实习”模式具备的优势：第一，理论和实践融合难度低，学生可以顺利完成从学校到岗位之间的过渡；第二，学生可以实现“求学—实习—就业”的一体化目标；第三，能够帮助企业缩减人力资源成本，增加收益；第四，能有效促进学生技能水平和职业素质的提高。

（四）校企联合办学模式

1. 模式简介

校企联合办学模式指的是学校、企业之间积极合作，以企业需求为基础进行办学的模式。企业参与办学时，能发挥专业以及课程开发的目标、市场就业的信息、办学条件的物质三方面功能。在校企联合办学之后，企业可以为学校提供足够的物质资源、先进技术和专业师资团队，也可以被当作生产实习、就业安置的主要场所。

无论市场的变化，还是企业的需求，在校企联合办学前，都应进行全面的调查与把握。在联合办学的实施过程中，选效益高，有发展潜力的公司，学校与企业签署联合办学人才培养协议，当事人以约定的方式区分了权利和责任，以协议双方物质投入为前提，一起讨论职业、职位问题。学校对学生进行“订单式”培养，使其成为既具有扎实理论基础知识又有一定实践技能的复合型人才。有计划的培养目标、培养规格、招生人数和职业发展。

校企联合办学模式包括下述集中不同类型：

第一种，集团化办学。学校在专业发展上实行企业团体化政策，加强顶层设计，同时建立合作办学的董事会，拉近校企距离，力求实现校企双赢、联合办学的目标。例如，学院出资建设实训基地或包括药品检测中心在内的实践基地，提升办学质量，增强教师的科研实践素质，实现产、学、研的有机结合。合作企业在职业院校中所承担的决策、规划、组织、协调等方面的职能十分有限，作为一种“亲密伙伴”，企业直接介入学校的办学进程，与学校共享办学效益。

第二种，通过合作的方式办专业。以学校专业优势为基础，从企业发展的要求出发，共同规划人才供求整体流程。学院、企业之间就投资合作、培养具备特定技能的人才进行协议签订，学院负责教学场所、教师，企业负责资金、设备和技术人员，要保证各种投入的产权、使用权在使用分配上足够科学合理。此外，校企之间要联合规划特定专业的人才培养策略，并共同参与实施过程。

第三种，通过合作的方式办项目。依据装备、场地、技能、师资、经费，企业将股份注入学校。学校在得到企业的设备援赠和设备推介后，为企业提供用于处置设备的场地，并通过从企业引进先进设备、市场产品、资金和生产线、生产车间的方式，为学生创造接受实训、进行生产的环境空间。

2. 模式优势

校企联合办学模式具备的优势：第一，校企深度合作，能够提升校企双方经费、装备的使用率，使之产生最大效益，也能有效节约成本；第二，能确保学生专业技能的学习和企业生产设备更新的相互适应，从而能使学生及时接触和掌握最前沿的生产技术；第三，能够同时提高办学效益、企业经济利益。

第四节　围绕产教结合，建设特色办学

一、完善政策制度基础与体制机制保障

（一）政策制度层面：进一步完善学校教育法律体系

高校校企合作办学工作离不开各级政府的支持。为了保证高校校企合作办学工作的顺利开展，政府应当先做好校企合作的法制工作，用规章制度来规范高校和企业的责任与义务，引导高校和企业建立合作机制，为高校和企业营造良好的合作环境。

首先，我们应从《中华人民共和国教育法》着手，对校企合作中的政府、高校和企业的责任与义务进行规范，并相应地完善《中华人民共和国劳动法》《社会力量办学条例》等相应条款，加强各法律之间的联系，更好地保障多方利益。与此同时，还要制定《校企合作促进条例》《校企合作促进条例实施细则》，以强制性手段来要求企业参与学校教育，对积极参与学校教育的企业给予一定的补偿，对不积极参与学校教育的企业进行批评与教育，而不仅是引导企业参与学校教育。只有这样，企业才能够重视学校教育的重要性，从而积极地参与到学校教育之中，推动学校教育的发展。

其次，在处理高校与企业之间矛盾的过程中，政府应当充分发挥自身的作用，科学有效地解决问题，从而为校企合作提供更好的发展空间。

再次，每个地方的发展状况和产业特色都存在较大差异，因此地方政府应根据本地的产业特色和本地企业的发展状况来制定校企合作条例。

最后，地方政府在选择合作办学的企业时应当重视企业资质，为高校匹配最合适的企业，从而更好地促进当地校企合作办学的发展。

（二）体制机制层面：构建和谐顺畅运行环境

1. 构建行业企业深度参与的长效机制

为了更好地促进企业长期参与校企合作，应当建立学校教育工作部际联席会议制度和地方学校教育工作联席会主义制度，制定科学合理的学校教育管理机制，使企业与高校能够同台进行商议，充分发挥政府、企业在校企合作中的作用，构建综合性强、管理水平较高的学校教育管理体系。从国家层面来看，国家应当加强财政、农业、水务、人社等部门与企业、高校的联系，对企业、高校在校企合作中遇到的问题进行收集，并提出相应的解决方案。从地方政府层面来看，地方政府应当针对实际情况建立学校教育指导委员会、学校教育协作联盟等组织，为企业和高校提供人才资源、技术等方面的帮助。与此同时，地方政府还要根据高校和企业的实际情况对人才培养计划提出相应的要求，为校园和企业制定相应的人才培养标准，并实施高校领导与企业领导交叉任职的方案，提高企业在校企合作中的话语权。

2. 完善组织机制，搭建双方合作治理结构体系

在搭建双方合作治理结构体系的过程中，应当设立专门的校企合作协调机构，使高校和企业能够明确自身在校企合作中的优势与劣势，从而更好地协调二者之间的关系。

值得注意的是，高校与企业之间的属性和目的都是不同的，因此二者对于合作办学的诉求也不同，这意味着高校与企业要在协同管理方面进行深入研究，形成良好的协同合作管理机制。另外，在校企合作办学的过程中，高校与企业可以进行互补。例如，企业人员可以任职于高校，为高职学生提供专业化的指导，而职业院校教师可以在企业内部进行实践，为开展研究工作积累更加丰富的经验；在校企合作办学的过程中，高校与企业彼此之间加强沟通，明确双方的供需问题，有针对性地研究解决方案，从而强化二者之间的合作。

（三）发挥以评促建的作用，建立协同创新评价机制

为了更好地督促校企合作办学，应当建立相应的评价机制，通过接受评

价的方式使高校和企业明确自身在合作办学过程中存在的不足。从整体上来看，建立评价机制是利大于弊的，它有助于引导校园和企业共同育人，完成共同的育人目标。其中，用于评估企业办学的标准主要包括企业经费投入、育人数量、社会满意度等，而用于评估高校办学的标准主要包括人才培养质量、研发项目数量、实训基地共建投入等。与此同时，奖罚分明也是影响校企合作办学的重要因素之一，应当根据评价情况，对高校或企业进行奖励或惩罚，从而激励彼此不断投入更多的精力于合作办学之中。

二、提升高校教学能力与技术技能积累

高校自身的实力和办学理念能否吸引企业的注意力是影响校企合作办学的重要因素，因此高校应当增强教学能力，改革教学观念，从而使企业能够对高校树立信心，更好地参与并组织开展校企合作办学。高校应当从经济社会发展的角度出发，对专业建设与发展进行深入研究，并将供给侧结构性改革的理念与高校教学理念相结合，明确新时代的办学理念，从而提高自身的专业水平，为社会培育出越来越多的专业性人才。与此同时，高校应以自身的独特优势来吸引企业，使企业能够积极主动地投入资金于高校之中，助力高校开展教学研究工作。

随着互联网时代的来临，我国对于人才的需求也逐渐发生了改变，这就意味着我国的产业结构面临重构、高校办学模式需要创新、资源需要重新配置等。现阶段，我们应认清社会发展的现实，从多个方面来研究新时代背景下的学校教育发展，探究高校与企业之间新的合作方式，从而推动校企合作办学向更好的方向发展。

（一）积极主动提升自身实力，对接行业发展和产业需求

在开展校企合作办学的过程中，高校应先对产业体系和经济发展状况进行深入研究，明确企业对人才的需求情况，从而有针对性地制订教学计划，以实现和促进学生顺利就业。高校与企业的合作，一方面能够为学生提供实

训基地，检验学生学习知识的情况，另一方面培养学生的职业能力和职业素养，促进完善人才培养模式。开展校企合作办学的目的之一在于更好地满足企业对人才的需求，这要求高校在设计课程时应与企业相关岗位的标准保持一致，利用学生的课余时间开展社会实践活动，并积极开展相关的教学实训活动，最终由高校职工和企业相关人员共同对教学结果进行考核，以便于保证教学活动的专业水平。对于高校教师而言，教学方法并不是一成不变的，应当根据企业的发展情况来进行适当调整，而为了更好地设计教学课程内容，高校教师应当积极与企业联系并与企业相关人员一同制定人才培养方案。

大多数情况下，采用激励的手段有助于高校教师更好地开展教学活动。例如，建立资金激励机制，用高额的回报来激励高校教师和企业相关人员主动地参与科研工作。与此同时，将一些课题和研究作为高校教师职称的重要考核标准，并以其他教师和企业相关人员作为评估人员，从而引起高校教师的重视，更好地开展高质量、高水平的研究工作。

（二）提升治理能力和管理水平，为企业发展提供服务和平台

在校企合作办学的过程中，高校应当从现代职业学校制度改革着手进行教学工作，具体包括人才培养、办学观念和师资队伍建设等内容，从而更好地与企业进行合作。与此同时，还要建立高校、企业、行业等共同参与的理事会，这不仅有助于社会组织之间的共同合作，还有助于针对性地进行治理。高校还要建立教育教学质量监控体系，以便于更好地对教学工作进行研究和调整，从而保障教学工作的专业性。

为了更好地提高高校的教学能力，促进教学资源的合理运用，高校应当积极学习优秀学校的教育教学经验，并将其运用到具体的教学实践过程中。与此同时，高校还要有针对性地改善学校实训基地条件，加强与企业之间的合作，使学生能够享受到专业水平较高的教学条件，从而通过实践的方式提高自身的专业能力。

（三）整合优质教师资源，提升师资队伍水平

在校企合作办学过程中，师资队伍的建设工作显得尤为重要。除了培育本校的教师之外，高校还应根据自身的实际情况设立“技能名师”岗位，引入一线专业技术人员作为“技能名师”，这样能够使学生更好地了解专业技术，并熟练地掌握专业技术，以便于适应未来的工作内容。与此同时，高校还可以引入企业的专家、技术人员等作为兼职教师向学生进行授课，使学生能够在企业实训基地中感受到应用专业技术的魅力，从而更加积极主动地投入专业技术学习的过程之中。

高校在积极引入学校教育教师的过程中，也要对学校教育教师建立相应的管理制度。例如，针对学校教育教师制订相应的培训计划，对新的学校教育教师进行培训，顺利通过培训的教师才能被称为真正意义上的学校教育教师。在校企合作办学过程中，我们可以将企业实训基地作为教师的实践基地，增强学校教育教师的教学实践能力，并从中发现学校教育教师存在的问题与不足，以便于有针对性地进行纠正与调整。

三、明确行业协会职责与资源优势利用

行业协会代表着本行业所有企业的共同利益，是沟通政府与企业之间的重要桥梁，其重要性是显而易见的。在校企合作办学的过程中，行业协会的作用主要表现为指导作用，他们会根据实际情况制定职业资格标准，从而指导企业参与合作办学。因此，各级政府应当重视行业协会的作用，制定与行业协会相关的发展政策，完善行业协会发展的内容，引导行业协会制定职业资格标准和技能等级考核，从而使行业协会更好地为校企合作办学服务。

现阶段，我国的行业协会已经设立学校教育教学指导委员会。它主要为企业提供咨询和指导服务，不仅有助于推动高校与企业进行深入的校企合作，还有助于保障学校教育与培训工作的专业水平。在校企合作办学中，我们应以产业和专业作为优势，充分利用企业和高校在各自领域的资源来建设实训

基地和专业师资队伍，为学生提供专业水平的就业指导，实现毕业即就业的目标。与此同时，还要加强行业协会与高校之间的交流，即邀请高校职工参与企业交流会议和邀请企业人员参与学校教育办学推进会，使二者能够在沟通交流的过程中完善校企合作办学的内容。对于行业协会而言，它应当指导企业更新职业培训方案，形成市场主导下的具有创新性的职工培训机制，并将其运用到校企合作办学之中，为高校培训新型技能人才提供新的方案。

另外，应当加强对校企合作办学的评估工作。行业协会从专业角度对校企合作办学进行深入评价，并为后续工作的开展提供新的思路，最终使学生能够满足社会的需求，顺利就业。

为了更好地为高校和企业提供市场信息和人才信息，我们应当建立企业和高校内部的信息管理系统，使高校能够明确市场对人才的需求情况，使企业能够明确人才的基本情况。与此同时，还要对当地未来的人才需求和市场需求情况进行预测，从而有目的地制定人才培养方案，促进校企合作办学向指定方向发展。相关企业可以定期举办企业技术发展论坛，并邀请高校职工参加，使高校能够了解企业的发展情况，研究创新性教学方案，从而适应企业的发展。高校在制定教学目标时也可以邀请企业人员参加，使教学目标的制定工作更具有针对性，从而促进学生顺利就业。

四、强调多元育人成才与正面社会舆论

在开展校企合作办学的过程中，做好舆论宣传工作有助于营造良好的学校教育氛围。从目前来看，我们主要通过两种方式来开展学校教育的舆论宣传工作，分别是以电视台、报纸等为主的媒体宣传方式和拓展宣传载体的方式。在以电视台、报纸为主的媒体宣传方式中，我们主要是通过制作与学校教育相关的主题报道来宣传学校教育，为高校教师和学生说明开展学校教育的作用和意义，帮助学生树立正确的价值观念。在拓展宣传载体的方式中，高校主要通过举办“学校教育宣传周”主题活动宣传学校教育，引导周边的

学生正确认识学校教育，与此同时，进一步培育和提高高校的知名度。

为了给校企合作办学工作营造舆论氛围，高校和企业应当建立奖励和激励机制，从而吸引更多的人加入学校教育的宣传工作之中。政府在学校教育舆论宣传中的作用是相当显著的，能够为高校和企业提供良好的社会舆论引导。与此同时，政府还可以设立企业贡献等级评级制度，对那些具有突出贡献的企业进行嘉奖，并通过新闻媒体来宣传这些对学校教育作出突出贡献的先进单位和先进个人。另外，各类高校还可以组织技术技能比赛，从比赛中决出最具有专业技术能力的学生，并对该学生所在的高校进行嘉奖。

第三章 产教融合下高校辅导员队伍建设

对于高校辅导员来说，他们要想往职业化和专业化的方向发展，最终的发展效果的评判目标就是他们的思想政治素质和水平，将发展的专业程度和科学程度作为最基本的要求，使高校辅导员的工作逐渐朝稳定化方向发展，最终走向真正的职业化和专业化发展道路。在新时代背景下，辅导员工作的专业化培养和职业化发展是业内的一个热点话题，只有在专业化建设的基础上，才能更好地去规划辅导员队伍的职业化发展，才能真正建设一支专门的高水平、专业化的队伍。本章主要介绍了产教融合下高校辅导员队伍建设，分别从完善高校辅导员制度、加强辅导员专业化实践、强化大学生思想政治教育工作三个方面进行论述。

第一节　完善高校辅导员制度

一、推进辅导员的职业化

（一）推动辅导员工作管理体制的完善

1. 双重管理领导体制加快职业化发展

现行的双重管理领导体制是根据辅导员的实然状态确定的基本体制，是实事求是的。然而，不能固化地理解双重管理的领导体制，将其认为是不可更改的，而是应该从辅导员职业化发展的视角，辩证认识双重管理和统一管理的关系，努力提升辅导员职业化水平，使专业从业水平得到广泛的社会认可，逐渐确立独立的职业地位，并在条件成熟时实行辅导员工作的统一领导体制。可以考虑在学校层面设置学生工作委员会，在其统一领导和管理下，按照辅导员职业化建设方向，明确辅导员的岗位职责，明晰辅导员的权利和义务。在具体管理机构设置上，由学生处直接管理负责各院系辅导员队伍建设及相关的选拔、培训、考核、激励等环节。辅导员直接向学生处负责，不再隶属于学院但保持密切的合作关系。这样既保证政令统一，提高工作效率，也可以使辅导员提高工作归属感，增进工作认同。

在辅导员工作管理中，要逐渐实行垂直的条状管理，改变现有的条块管理模式。当然，在学院层面，还是有专职辅导员负责工作的，所改变的就只有辅导员的多重管理状态而已。如果从学院工作角度来看的话，英国高校中对于学生管理的“学生导师制”不失为我们一个很好的参考。换句话说，就是由院系主任和院长等人来负责学生日常事务的安排工作，而在学生一入学起，就会被“配备”一名专业教师作为其个人导师，陪伴其走完四（五）年的大学生涯，不论在学习或生活上遇到任何问题，这位导师都是我们的良师益友，可以倾听我们的想法，为我们的未来出谋划策。或者说，也是可以在个人导师的层级之上再加设一名“高级导师”，这名导师负责是全院学生的具体工作安排和指导，对下属个人导师进行分配等。其重要特点就是，学院的学生事务工作人员都是兼职的。学院学生事务部门和学校学生事务部门不存在领导与被领导的关系，只是工作业务上的合作关系。

在学生处的统一领导体制中，按照有利于辅导员职业化发展的原则，设立相应的专业咨询中心，作为辅导员进行咨询、研究、学术发展的基地，为辅导员职业化发展提供必要的组织保证和学术支持。

其中，心理咨询中心主要是通过团队咨询和个体咨询方式解决学生在学习、生活等方面遇到的心理问题，帮助大学生适应环境、发展认知、解决问题和冲突。学习服务中心帮助学生掌握学习技巧，包括记忆规律、学习方法和考试策略安排等。职业发展中心主要是通过咨询讲座、心理测评、模拟面试等方式帮助学生确定并寻找适合的工作，主要包括就业技巧指导，如个人性格测评、书写简历和面试技巧等，并帮助提供适合的工作岗位和实习岗位。

2. 辩证认识辅导员职业化发展和双重身份关系

高校管理者越来越重视对于辅导员队伍的建设和对于他们素质的培养，辅导员在物质层面也得到了保证。除此之外，国家的大力支持使他们在职业发展层面也获得了更多空间和发展自我的机会。在国家和政府机关的支持下，辅导员在工作队伍建设、学科建设、社会认可度和个人发展方面都已经达到了长足的发展，整体呈现出良好的发展势头。如果从专业发展的角度来说的话，其实不论是什么专业或职业发展，都是按照从低到高、从初级到高级的发展过程来的。由此，对于辅导员来说，要想在这一行业长期发展下去，首先抱有的就是对这份职业的热忱，有坚持和正确的价值观念，而专业化发展就是走向辅导员职业化路径的一条捷径，不能让辅导员本身被双重身份的认定限制住，而是要达到专业化的成熟程度后能够对“辅导员”这一身份进行重塑，虽然这个过程会十分漫长且艰辛，但这理应成为他们发展的最终职业和价值目标。

（二）推动高校辅导员工作运行机制的完善

我们要想切实完善和健全高校辅导员管理制度，系统的制度化方法是必不可少的，只有这样才能形成较为完善的运行和管理机制。如果详细来说，就是要具体到工作模式、激励和考核制度、培训方案等中，这些环节在辅导员的职业化发展中都应当是紧密连接、相互促进的，最终共同作用提升辅导员的工作素质和健全相关工作机制。

在众多的高校辅导员职业运行机制中，先要进行的还是准入制度的确立，这是他们走向职业化和专业化道路上的重要基石和保障，对于最终我们所看到的辅导员工作水平和质量是可以起到决定性作用的，也同样影响到辅导员这一职业的社会认可度和认同感。从目前的高校辅导员选拔制度来看，筛选和面试人员首先要把握的一条原则就是“高标准”，采用公正公开的方式来面试，从众多面试人员中筛选出那些能够对学生学习和生活起到帮助作用，能够在学生思想道德和价值观念建设的重要阶段上，切实发挥正确引领作用的人选拔进高校的辅导员行列之中，最终形成一支具有高素质、高水平和能够相对稳定发展下去的高校辅导员队伍。

1. 打造多元化背景的工作团队

辅导员团体既是管理服务的团队，也是教学研究的团队。特别要强调的是，只有依托教育研究的成果和实力，才能够提升辅导员的专业化水平，才能够提高管理服务的水平，为大学生的全面发展提供支持，促进辅导员队伍的职业化发展。辅导员团体作为一个教学研究的团队，和其他专业课的教学研究团队一样具有基本的共同特征和需求，要按照教育规律进行科学的组织和管理。通过打造多元化背景的工作团队，营造多元统一的团队文化，可以使团队成员之间优势互补，形成学科研究合力，促进个人成长和团队发展，形成个人与团队互相依靠、彼此促进的良好互动关系。在实践中，不同的大学在历史发展过程中形成了各自独特的校风校训，各高校独特的教学科研、学术训练或社会实践也会深刻地影响其中的莘莘学子。可以说，每个大学生，都是高校环境的产物，都会在高校潜移默化的影响下形成相对独特的做事风格和研究特色。在多元化背景的辅导员团队中，不同的校园文化互相交融、互相激发新的灵感，可以有效推动团队的可持续发展。即使是选聘留校毕业生担任辅导员，也不宜超过一定的比例，可以借鉴很多学校的具体规定，如本校的博士毕业生留校不能超过 30%。

2. 拓宽选聘途径

职业化的重要特征就是社会化，要从社会范围内建立广泛的选聘途径，逐渐形成社会化、市场化的选聘格局。例如，香港科技大学中有 5 位辅导员都获得了硕士或博士的学位证书，其中不仅有专业的学术科研工作者，还有综合性的社会工作者，如临床心理学家和辅导心理学家。鉴于此，高校辅导员的来源途径可以多元化，在保持应届毕业生的来源基础上，通过社会招聘，对辅导员职业化建设中亟需的人才进行有针对性的选择，通过人才的合理配置来提升高校辅导员队伍建设的内在力量。在这方面，很多学校都已经进行了实质性的探索。如高校之间互相派驻专职辅导员到对方交流学习甚至是岗位实习半年或者一年，比较全面地了解其他高校的学生工作经验和特色，为本校学生工作的开展提供支持借鉴。另外，一些政府部门也会根据情况派驻学生辅导员到各高校协助工作。可以派驻专门负责少数民族事务的专职辅导员负责协助管理高校的少数民族学生工作，由于具有相同或相近的民族文化背景、语言沟通基础和风俗生活习惯，少数民族学生群体中一些深层次的问题和矛盾能够得到及时有效的解决，对于本校专职辅导员提高处理少数民族学生事务的能力也有很大帮助。

3. 高校招聘的标准化建设

在国家政策要求的基础上，以统一的辅导员行业组织为依托，完善辅导员职业能力的标准化评估工作。在此基础上，高校可以根据各自的办学特色和学生工作传统，进行岗位职责的具体规范。一方面可以使应聘者对照具体的岗位职责衡量自己是否适合上述岗位，进行个体评估和岗位申请；另一方面可以节省招聘委员会和相关决策人员的时间成本，既降低了人力资源管理的复杂程度，也使得辅导员选聘工作的科学性基础得到保证。

4. 选聘配齐专职辅导员

辅导员作为大学生思想政治教育的引导者和日常事务的管理者，在常态工作环境下要面临着繁重的事务性工作和复杂的个性化问题。辅导员的管理幅度和辅导员的工作效果直接相关。管理学理论对于管理者的管理幅度有着严格的规定，在此科学理论基础上，参照高校具体情况，国家制定了1∶200的选聘比例。高校应该将辅导员选聘数量作为辅导员队伍建设的基本要求纳入学校招聘计划中。教育主管部门应该将辅导员选聘数量是否达标作为高校质量评估的考核标准之一。另外，教育主管部门在监督检查辅导员队伍建设工作时，要明确界定专职辅导员的外延，避免将专职辅导员与兼职辅导员，辅导员与班主任混为一谈，督促高校真正落实“选聘配齐专职辅导员”政策。

（三）推进高校辅导员培训制度的完善

要想快速提升高校辅导员的综合素质和水平，组织高校辅导员参加培训不失为一条捷径，众多辅导员能够在互动中交流和发展，也是促进学生发展和成长的一个重要要求和基础。在政策支持和实践需要推动下，高校辅导员培训形式多元化，主要有岗前培训、日常培训、专题培训、骨干培训和学历培训。岗前培训一般由学校统一组织，主要是提高辅导员的基本理论修养和业务知识能力，帮助他们提高认知水平，提高适应能力。日常培训机制依托辅导员基地、协会、论坛等形式具体开展，注重理论和实践的结合。专题培训可以有效地提升辅导员的实际工作技巧和水平，如对外经济贸易大学引进国际标准认证的职业发展提升项目，投入专门的经费，从而拓宽高校辅导员的视野和知识体系，这套方案也得到了广泛的认可和支持。在不间断的骨干培训中，一批又一批的优秀高校辅导员人才不断涌现，在众多高校中又组建出了一支又一支优质的高校辅导员队伍，经过不断的实践和经验积累，队伍的专业化水平也在不断攀升。

1. 优化培训资源配置

高校辅导员队伍建设起步较晚，加上各高校的具体情况不同，对于培训的需求是不一样的。如果改变自上而下的培训规划，实行自下而上的培训需求上报，可以更加有效地分配教育资源，提升教育效果。同时，各高校亲自参与培训规划，有利于提高高校责任意识，增进培训效果，促使高校不断反思自身建设的现状、需求和发展方向。

2. 灵活学历培训机制

学历培训是培养专家型辅导员的重要途径，学有所成的辅导员在学科建设、应用理论研究、实践指导方面可以发挥重要的带头作用。通过建立学历培训的灵活机制，可以帮助更多终身从事辅导员事业的人员提升专业能力。如开设假期学校，可以集中时间完成学历培训的基本要求，同时并不影响辅导员自身的工作。

二、推进高校辅导员绩效考核体系完善

（一）高校辅导员工作绩效考核的意义

众所周知，在学校里与学生联系最为紧密的一支教师队伍要属高校辅导员，在学校中他们不仅负责高校的学生生活和学习任务安排，还负责学生的思想道德教育工作，是开展高校思政教育的中坚团队力量，在高校大学生的成长历程中发挥了重要的引领作用。为切实加强高等院校的辅导员队伍建设，中共中央、国务院颁发了《普通高等学校辅导员队伍建设规定》，其中明确规定了有关高校教师队伍建设和管理的相关内容，要求专职辅导员要加强“育人为本、德育为先”的教育理念和原则，始终将学生的发展、成长和高校建设放在头等重要的位置上，进而培养出德才兼备、高素质的社会主义建设者和接班人。从目前的发展规划来看，高校辅导员的队伍建设始终在朝着专业化和职业化的方向发展，经过一段时间经验的积累，他们的职业性、稳定性都会得到很大的提升。现如今，高校辅导员已经成为一个学校、一个院系中

不可或缺的教师职位了，甚至还有很多高校将辅导员当作“储备干部”来培训和培养。①

由于辅导员工作性质与内容的特殊性，要求辅导员具备较高的综合素质和积极的工作态度。辅导员的工作比较繁杂，周期较长，所以导致辅导员的工作弹性大，工作付出较难衡量，管理效果也难以评估，需要有一个规范有效的工作绩效考核体系。否则，如果高校辅导员的工作就仅仅限制在分工上，完全没有涉及检查、监督和考核的相关内容，长此以往下去，这些人就会失去工作动力，认为不论做多或是少最终得到的结果都是一样的，从而导致对于学生的未来发展不利，也是无法达到国家和社会对于人才的需求。

从国家对于辅导员的工作职责认定方面我们就可以看出，辅导员这一岗位在高校中承担着相当重大的职责。那么，要想促进和不断完善高校辅导员的工作体系和管理机制，他们的工作热情就是其中十分重要的一个影响因素，如想让他们将这种热情持续保持下去，就是目前我们亟需探讨的一个问题。经过研究和实践证明，绩效考核是保证高校辅导员工作质量和热情的一大诱导因素，当他们的成绩和成果得到了肯定，再加以领导者的鼓励和支持，自然他们也会抱着更大的激情投入以后的工作中，由此绩效考核也成为辅导员队伍建设的一项重要内容。因而，教育部就针对这种情况下发了有关高校辅导员考核办法的相关工作和管理内容，以此来完善师资队伍建设的考核体系。通常情况下，对于辅导员工作效果的评定不是只能限制在组织人事部门，而是也应当让其他专业教师和学生参与其中，这样评价的结果才会更客观、更有实效性，毕竟考核结果是与辅导员的工资、职称评定和晋级挂钩的。

1. 高校辅导员工作绩效考核的积极意义

要想不断激发辅导员的工作热情，促进他们工作成果的产出，规范和科学的绩效考核标准和管理制度是必不可少的。在此基础上，高校辅导员的主观能动性才能被激发出来，才能在做好自己本职工作的同时，能够尽可能多

---

① 池源．新时期高校辅导员职业化发展的创新研究 [M]. 北京：冶金工业出版社，2020.

地关注到学生的发展和成长，才能获得上级领导和学生的认同感，迅速地提升他们的职业素养，才能在长时间的发展过程中逐渐成长为一支具备高素质、高水平的辅导员队伍，才能成为维护高校建设稳定持续发展的中坚力量，才能保证高校的思想政治教育工作是能够取得一定成效的。

如果从心理学理论的角度出发来看的话，绩效考核本身应当具有导向性、反馈性和惧怕性。其中，所谓绩效考核的导向性指的就是所有有关考核的标准或是评定方案都应该是公正公开的，辅导员可以依据这些内容对自己严格要求，以便最终能取得良好的绩效，能够始终把控住自己的工作状态都是较为稳定的。而绩效考核的反馈性指的就是最终的考核结果是要反馈到被考核者一方的，他们也能够从结果看到自己哪些方面做得还不够好，有待提升，哪些方面获得了比较好的评价，需要继续保持，在具体工作时有的放矢，将重点放在不足的地方。最后，绩效考核的惧怕性，指的就是在考核本身会为高校辅导员带来一些工作和心理上的压力，而这种压力在一定程度上也能够促进他们工作的开展和持续进行。

2. 高校辅导员工作绩效考核的目的

（1）为学校的科学管理提供依据

从某些方面来说，在高校薪酬管理上，高校辅导员的绩效考核在其中发挥了很大的作用，帮助人事管理工作做了工作上的支撑。同时，这不仅是高校决定职务任命和变动的一个重要参考方案，也是控制高校内容人员的一个手段。除此之外，绩效考核也是组织人事部门对后期薪资奖惩进行判定标准，由此可以看出它为高校的科学管理提供了很多基础方面的支撑，有利于高校从绩效评价来发现实际工作中出现的隐性问题，以此为基础继续来开展相关方面的调整和变革，也在无形中为高校的思政工作开展提供了有效保证。

（2）帮助辅导员进行科学有效的职业规划

辅导员工作绩效考核作为一种沟通活动，并非单纯地评价辅导员的工作业绩，而是向高校辅导员反馈近期的工作情况，其中工作优势和劣势一览无遗，可以很清晰地表现出来，这也为他们改进和完善自己提供了新思路和新途径。绩效考核的结果能够使辅导员定期地对自己的职业发展进行思考，不断更新自己的职业发展规划，更有效地开展学生思想政治教育工作。同时，通过辅导员绩效考核的结果，学校也可以针对性地为辅导员开展培训工作，通过这种方式不仅能够拓展辅导员的知识体系和视野，也能够提升他们的综合水平和综合能力。

（3）调动辅导员的工作积极性

绩效考核是使辅导员自信心和积极性重新激发出来的“法宝”。例如，对于在上一学年表现优异、获得较好绩效评价的辅导员，我们可以给予物质奖励和表彰，对于那些绩效一般或出现失误的辅导员也要给予一定鼓励，保证他们能够始终在工作岗位上保持激情和自信心。

另外，辅导员通过考核了解到自身的需求层次、结构、自身水平、优势和不足之处。通过自我总结，提高自身需求层次，通过向领导和前辈请教，向同事学习，增强自信心，弥补不足。辅导员坚持考核中对自己肯定的部分，改正不足的部分，开展自我激励，激发努力工作的热情和积极性，提高工作绩效。由此看来，规范化和科学化的辅导员绩效考核标准对于他们工作积极性的提高是有一定程度的促进作用的，可以稳定和夯实工作基础，但同时关于辅导员管理制度有的绩效考核标准还有相当大的提升空间，也正是一个工作开展的难点所在，这从本质上来讲，最终影响的是学生的成长和高校的思政教育工作开展效果。

3. 高校辅导员工作绩效考核要制度化、规范化、科学化

在辅导员职业化的道路上，工作绩效考核可以说是他们的重要基础和保障。在高校长期开展的众多建设活动中，辅导员队伍的职业化建设一直是十分重要的内容，最终的目的是能为高校学生的职业生涯规划、心理健康教育、思想政治教育等多方面工作提供坚实基础，为学生培养储备优秀后备人才。而对于高校辅导员队伍来说，“高进、严管、精育、优出”一直是他们的工作

原则和基本目标，因而工作绩效考核的优势就在这时体现出来了，通过绩效辅导员能够更加高效、高质量地开展工作，也能够为未来的职业化和专业化发展打下良好基础。实际上，绩效考核并不仅只是包括考核和最后的反馈两部分内容，在之前还有具体的计划制订和方案实施过程，是全程化的，而最终得到反馈结果的辅导员们就可以按照结果反思自己，为以后的工作开展指引方向，引导他们逐步走向职业化道路，积极参与高校组织的相关培训环节，在平时也能够注意到材料和知识的积累，逐步使高校辅导员的整体素质水平都得到提升。

除此之外，工作绩效考核也是帮助辅导员明确自身职责范围和工作任务的重要环节。具体的绩效考核指标应当是在清楚了解工作职责范围和具体任务后才能制订的，这样具体化的考核标准也可以帮助辅导员清楚自身各项工作任务的轻重缓急，更加主动地投身工作的开展过程中，能够通过考核标准将自己的工作内容不断细化和具体化。众所周知，辅导员是开展高校思想政治教育工作的中坚力量，所面对的工作群体和服务对象都是正处于思维活跃期的一群青少年，他们的行为和心理还没有形成定式，针对这样的现实情况，就要求辅导员具备处理突发情况的能力，有耐心、有足够的责任感，这样才能够为大学生的思维成长和价值观走向奠定重要基础，能够指引他们走向正确的方向。从辅导员的工作性质来看，他们的工作具有一定的延续性特征，在长期的工作加持下，他们如果一直看不到成果是很容易产生厌倦情绪的，而工作绩效考核标准的制订也正好对于他们夯实责任心和自信心是有帮助的。

另外，明确高校辅导员绩效考核标准也是人事部分进行薪资酬劳统计和调整、奖惩的重要参考。辅导员不仅是学生成长发展道路上的重要引路人，同时还是高校学术科研建设方面的重要后备力量，在后备干部培养、选拔和党政工作开展中扮演着重要角色。因此，我们一定要保证高校辅导员工作奖惩制度的规范性和科学性，让他们在获得一定的工作成果后能够得到一定奖励，持续激发他们的工作积极性。同时，为了培养高素质、全方面的后备人才，本校的高校辅导员也可以在校内进行岗位流动或调动到其他学校开展学习和培训。但是，如果辅导员在工作期间出现了严重失误，那么相应的惩罚也是必不可少的，如批评教育等。需要注意的是，为保证奖惩措施和绩效考核的顺利实施和切实落实，就要将个人的相关内容存入档案，以保证后续发生工作变动时能够为其他工作单位或是组织机构提供客观评判依据。

（二）高校辅导员工作绩效考核的内容和范围

1. 高校辅导员考核的主体

通常情况下，我们所指的辅导员考核主体就是考核者，这就是那些根据辅导员工作绩效进行评判的人。因为高校辅导员的日常工作都是与学生在一起，因而一些从事相关学生工作的职能部门往往与辅导员的关系十分密切。正因如此，参与到辅导员工作中的学生群体、学院领导和其他辅导员都是参与评定的重要成员，只有这样才能够对辅导员工作的评价更加全面而客观。

2. 高校辅导员工作绩效考核内容的宏观分析

（1）理想信念

从众多入选条件中我们发现，只有中共党员才能够参与到高校辅导员的师资队伍之中。这在一定程度上是因为中共党员具有坚定的理想信念，这也是成为一名党员最起码的要求。具体到高校辅导员身上，这种坚定的理想信念不止可以体现在与党性相关的众多事情上，在一些平常的、与学生相关的小事中也是体现这种理想信念的优先选项。

具体来说，在理想信念方面，高校辅导员可以着重从以下几个方面入手开展相关工作：

①高校辅导员应当选择每隔一段时间对学生进行国家政策方针教育，加强他们对于国家和政府的理解，从深入的角度理解国内外的大事小事，认清国际形势，从而认识党所提出的方针政策和路线的正确性，为塑造他们坚强优良的品格奠定基础。除此之外，还可以在课程的开展过程中加入一些真人事例，以更为生动形象的方式促进他们形成正确的价值观念。

②高校辅导员要始终将学生看作是自己工作的主体，在具体工作的开展过程中，无时无刻不关注他们的思想动态和行为方式变化，在生活中爱护学生、关心学生，从多角度、多方面帮助学生成才、成人，为社会和国家输送高质量的人才。与此同时，要尊重每一位学生的兴趣爱好，鼓励他们发展自己的个性，充分发挥自己的主观能动性，在创造中成长，能够切实做到“以学生为中心”的行为准则。

③作为高校思想政治教育工作开展的中坚力量，高校辅导员要懂得从小事入手、从细节着手，在生活中发现思政教育元素，并将它们渗透到学生日常学习和生活之中。与此同时，辅导员在开展工作的同时，也要不忘发展和拓展自己，在不断的学习中拓宽眼界，不可仅仅满足于现状，不求上进，这对于自身能力和综合素质的提升是十分不利的。另外，辅导员也要注意多与学生主动进行互动，要从多角度了解不同学生的思想动态，从各个角度切入为学生输送有关思想政治教育的相关内容，贴近彼此之间心与心的距离。在与学生进行交流的同时，辅导员要注意到他们的思想动态变化，注重对于心理问题的疏导，有必要时也可以多多开展一对一的交流活动，为日后思政教育动作的开展打下良好的群众基础，获得学生的认可。

④辅导员要做好党团组织和班级建设工作，鼓励并指导学生开展各类健康向上的，兼顾思想教育功能的活动，对学生进行与时俱进的素质教育，为学生的社会实践和职业规划出谋划策。高校辅导员应当增强党员意识，树立模范作用，用心指导党团组织和班级各项工作的开展，加强对广大青年学生的培养，吸收更多的优秀学生加入中国共产党。在实践中出成效，努力提升自我管理和业务水平，让更多优秀的学生成长起来。

（2）职业追求

从每一学年高校辅导员的工作完成度和认可度中进行分析，我们就能看出他们对于这份职业的未来追求是怎样的，这同样也是在他们的绩效评定中占有一定比重的。众所周知，辅导员的一切工作都是围绕着学生来进行的，一切教学活动都是以学生为中心来开展的，而最终这些工作和活动取得的成效如何，从学生的发展和成长变化中就能够很清晰地看出，如学生整体的心理健康水平如何、毕业学生的就业状况如何等，同时也是体现高校辅导员职业追求的一大表现。通常状况下，我们可以将高校辅导员相关的职业追求考核内容概括如下：

①日常管理工作。辅导员应当注重对于学生日常学习气氛和环境的营造，引导他们对于平常发生的任何事情都采取平常心，用积极向上的态度来面对以后的生活，不论是顺境还是逆境。由此，做好青少年学生的管理工作是至关重要的。

②心理健康辅导。辅导员应当主动学习大学生心理健康辅导的相关知识，开展心理健康培训，为学生提供心理咨询，做学生的“知心人”，防止学生因心理健康问题而走弯路。

③职业发展指导。辅导员应当在大学生不同的阶段做好不同职业生涯规划的指导，认真做好实习和就业的指导工作，为学生提供一些就业和学习的信息，传达就业形势和就业政策等。

④优秀生的培养工作。辅导员应当学会对学生进行分类教育，通过党团组织、班级建设以及各项活动，挖掘和培养优秀的学生干部，提高其综合素质，使他们能够在校内外给身边同学起到模范带头作用。

（3）奉献精神

众所周知，高校辅导员的工作内容十分复杂，类型多，变化也多。随着高等院校中的学生群体逐渐变成“00”后，辅导员的工作思路和行为也必须要适应这种变化，适应“00”后学生的思维模式和行为模式，这也就为高校开展思政教育工作提出了更多的要求和想法，由此就需要高校辅导员具备奉献精神，可以为国家的新一批社会主义接班人的成长作出贡献。首先，辅导员所带学生对其工作的满意度，某种程度上是对辅导员奉献精神的肯定。其次，辅导员的工作态度是影响辅导员工作成效的直接因素。辅导员自身的业务水平、对学生的熟识程度、辅导员的出勤率等都是辅导员工作态度的体现。总体来讲，对于辅导员奉献精神的考核可以从以下几方面着手：

①出勤率。辅导员应当按时上班，坚持学校的值班安排。在遇到特殊情况时，甚至牺牲自己的休息时间处理学生事务。

②参加培训情况。辅导员在处理烦琐的事务性工作的同时，更应注重自身的提高，积极参与各类培训，提高自身水平，提升工作成效。

③工作完成情况。辅导员应当有计划地开展各项学生工作，注重工作质量，更好地为学生服务，将各项学生工作落到实处，真正达到育人的效果。

④突发事件的处理能力。辅导员在日常工作中，遇到突发事件是难以避免的。辅导员应当积极面对，做好预案，深入考察，细心研究，快速反应，用自己的专业水平和对学生的关爱之心将问题妥善解决。

（4）专业素养

高校辅导员不单是大学生日常学习和生活的管理者，同时他们的身上也承担着教育的重任。由此看来，高校辅导员不仅应具备科学的时间管理能力、材料分析能力、调查能力和洞察力，同时也能够较好地处理突发事故，稳定学生生活和学习重心，组织他们参加各类活动，积极参与到国家、社会和学校的建设之中，同时也要具备探索学生工作规律、创新学生管理方法和手段的能力，以及相应的表达、写作能力和创新实践的能力。对于专业素养的考核，主要基于以下几方面：

①日常问题解决能力。辅导员要能够高效开展学生工作，清楚相应程序，研究学生工作方法，独立处理日常学生工作中出现的问题，能够对学校处理紧急突发事故的预案灵活掌握，做到防患于未然。

②组织管理能力。辅导员应当对学校学生工作相关的规章制度熟记于心，积极帮助学生开展活动，对日常的学生生活和学习等进行服务和指导。

③实践创新能力。辅导员应当有较强的实践意识和创新意识，能结合学生工作的特点，积极主动地在学生工作中运用创新能力，善于突破自我，善

于从新角度、新方向去发现学生的闪光点和潜力，运用多种手段和方式来开展当代大学生思想政治教育工作，具备反思和总结的能力，从而指引学生走向正确的发展道路。

④表达和写作能力。辅导员在日常的工作中，能够清楚明白地传达工作精神和工作要求。除此之外，还要完成学校或所在院系的必要的文字宣传任务，做好工作规划和工作总结，积极撰写与工作相关的论文或者报告。

3. 高校辅导员绩效考核内容的微观分析

（1）学生日常事务管理

学生日常事务管理占用辅导员日常工作中的很大一部分时间和精力，涉及请假考勤、发布通知、奖学金评审和评先树优等。除此之外，辅导员还要做好突发事件的预案、防控和处理工作，做好学生特殊群体的教育工作。高校辅导员可以拓宽思路，运用多种方式和手段设计实际的教学活动，如开展各种主题式教育，帮助大学生树立正确的道德和价值观念。

校园稳定工作是大学生工作中的重点，其包含了日常安全稳定和突发事件两个方面。日常安全稳定需要辅导员准确把握学生平日里的思想动态，定期开展相关的教育活动，将问题和矛盾解决在萌芽阶段。而突发事件的处理对辅导员的危机处理能力有着较高的要求，对于敏感时期的稳定工作，辅导员更是要具有较高的思想觉悟，及时防范，做好学生的思想疏导工作。

（2）校园文化建设

众所周知，在大学校园中开展文化建设的途径和方式是非常丰富的，而其中涉及政治教育工作的也很多，如班级团支部、学生社区和团委学生会等。辅导员应当通过团学活动、班团活动和社区活动等平台，培养优秀的学生干部，使其榜样的力量辐射到更广泛的学生群体之中。利用学生干部的辐射力，吸引更多的学生积极主动地参与各类集体活动，提升自己的综合能力，也使校园文化更加丰富多彩、和谐向上。

（3）学风建设

在开展高校学生思想政治教育工作的众多途径中，学风建设是其中相当重要的一部分。经实践研究证明，优良的学风对于学生的价值观和道德素质的培养具有积极向上的作用，在这样的环境中学习，浓厚的学习氛围就会逐渐被建立起来，而学生也能够充分发挥自己的主观积极性，主动带动周围的同学学习和成长。同时，需要注意的是考风考纪相关内容的宣传工作，要教育学生走诚实守信之路，做人坦坦荡荡，足够真实。

（三）高校辅导员绩效考核体系的深化研究

1. 高校辅导员工作绩效考核的原则

（1）有利于调动积极性原则

考核评价指标要充分体现社会主义办学方向和人才培养的要求，体现大学生思想政治教育的基本目标、指导思想、重要原则和主要任务，反映辅导员进行大学生思想政治教育的基本理念、基本规律及新形势下的观念、内容、方法和体制机制等方面的改进创新。通过考核评价，引导广大辅导员把思想认识统一到中央对大学生思想政治教育及其辅导员工作重要性的认识上来，统一到中央对加强和改进大学生思想政治教育的工作部署上来，统一到中央对辅导员队伍建设“政治强、业务精、纪律严、作风正”的要求上来，使广大辅导员充分认识到其工作在培养社会主义建设者和接班人过程中的重要意义和作用，调动广大辅导员做好大学生思想政治教育工作的积极性、主动性和创造性。

（2）从实际工作考评的原则

辅导员工作从目标到责任，从内容到方法，从时间到空间，与高校其他教师和其他党政管理人员都是不同的。辅导员要站在培养社会主义建设者和接班人的高度，对大学生的成长成才负责。从德智体全面发展的培养上，发挥对大学生思想上引导、政治上向导、学习上指导和心理上疏导的作用。辅导员工作不是靠发文件、讲教科书去解决问题的，他们需要根据调查了解的情况，针对学生实际，采取会议的方法、谈心的方法、活动的方法、示范的方法、激励与约束的方法和其他针对具体问题行之有效的方法，来解决学生心灵深处的问题。

2. 高校辅导员工作绩效考核的实施方法

（1）以评促建、评建结合的方法

以评促建、评建结合的方法较好地体现了考核评价的原则和目的。以评促建、以评促改、评建结合、重在建设的方法。实施前提是必须有一个科学而严密的考评体系，考评体系基本覆盖辅导员工作的全部内涵。考评体系必须提前下发，它不仅是考评的依据，更是辅导员日常工作的一个指挥棒。辅导员在平时的工作中，对照考评体系，巩固优势，发挥长处，弥补不足，边工作边建设，逐渐达到考评体系中的考评指标。这种考核需要加强平时的工作指导和检查，避免出现考评前突击应付指标体系的做法。这种方法要特别注意指标体系与人才培养目标的符合度，实际工作与指标体系的符合度，工作结果与工作目标的符合度，通过评估促进建设、评估与建设相结合。

（2）自我评价和组织评价相结合的方法

自我评价和组织评价相结合的方法有利于调动辅导员与组织双方积极性，特别是通过辅导员的自我总结和自我评价，明确自己的成绩与不足，明确下一步的工作方向，对辅导员提升自己是十分有利的。自我评价主要通过个人撰写自我总结，在一定范围内交流自我总结，对照考核评价指标体系分析自我总结，对照同事总结修正自我总结等过程来进行。组织评价主要是通过考评组听取自我总结，开相关学生座谈会或进行学生问卷测评，同事之间互评和主管领导定性与定量评价等过程来进行。将学生测评结果、同事测评结果、领导测评结果和考评组测评结果进行综合，并结合个人自我评价形成最后考评意见。考评意见与被考核辅导员见面，客观评价辅导员的成绩与不足，提出努力方向，推动辅导员的工作。

（3）平时考核和集中评价相结合的方法

平时考核和集中评价相结合的方法将结果考评与过程考评相结合，更有针对性和客观性，能纠正过程与结果非线性因素造成的结果与过程的偏差。没有结果的过程没有实际意义，偶然的结果也不能完全说明问题，因为人的成长是渐进的，有一个过程的，不是开始工作就立竿见影的，工作效果往往是一个潜移默化的过程。所以，辅导员考核要将平时考核与集中评价相结合。平时考核主要考核阶段性工作、重点工作、临时工作和基础性工作。平时考核也要定期与不定期相结合。集中评价主要是在学期末和年末，通过对照考评体系进行系统性的综合评价，通过自我评价与组织评价相结合形成集中评价意见。最后将集中评价结果与平时考核的记录按一定的权重折合，形成最终考评结论。

第二节　加强辅导员专业化实践

一、实现辅导员工作专业化的标准

（一）角色定位专业化

教育部《普通高等学校辅导员队伍建设规定》中指出:“辅导员是高等学校教师队伍和管理队伍的重要组成部分，具有教师和干部的双重身份。辅导员是开展大学生思想政治教育的骨干力量，是高校学生日常思想政治教育和管理工作的组织者、实施者和指导者。辅导员应当努力成为学生的人生导师和健康成长的知心朋友。”高校辅导员的工作是以思想政治教育为主线，寓教育于学生党建和团建、日常教育管理和服务中，是学校思想政治教育活动的重要组成部分。辅导员不能等同于学校一般行政人员，而是专业性强、素质要求高的专业教师，具有与数学专业教师、汉语言文学专业教师、英语专业教师等一样不可替代的性质和角色。

（二）素质要求专业化

1. 过硬的思想政治素质

辅导员是高校坚持社会主义办学方向和保证高校培养的人才成为社会主义建设者和接班人的最直接教育者和实施者。辅导员不仅要站在思想和文化的最前沿解决引导当代大学生思想政治方面的各种困惑和问题，而且要始终坚定有效地引导学生的政治思想融入社会主流意识形态。这就要求辅导员要经过与思想政治教育或相关专业的培训和再教育，坚持学习马列主义、毛泽东思想、邓小平理论、“三个代表”重要思想和习近平新时代中国特色社会主义思想，对党的路线、方针、政策有着较为深刻的认识和理解，具有坚定的政治立场，有较高的政治理论水平和实际应用能力；在实际工作中始终拥护党的路线、方针、政策，政治上、思想上和言行上坚决与党中央保持高度一致；遵守宪法和法律，认真贯彻落实党和国家的教育方针。

2. 高尚的职业道德素质

辅导员是做“人”的工作，是人类心灵的雕塑师，这种特殊的工作对象要求辅导员要具备比其他职业更加高尚的职业道德，“师者，传道授业解惑也”，辅导员的道德水平、道德行为直接影响到学生的成长和发展，高校学生思想政治教育需要广大辅导员忠诚党的教育事业，为人师表，爱岗敬业，热爱学生，乐于奉献，勇于探索，严谨求实，用先进的思想、高尚的道德情操和丰富的科学文化知识培养和教育学生，用自己独特的人格魅力影响和感染学生。

（三）学科建设专业化

辅导员工作学科的建立和建设是加快辅导员队伍建设步伐，建设专业化辅导员队伍的有力支撑。要想实现辅导员队伍的职业化、专业化、专家化，需要我们培养学科意识，发展学科技能，同时，尊重辅导员学科创新性、边缘性和综合性的特点，高度重视加强辅导员工作学科建设。

一是明确辅导员工作学科培养目标。根据辅导员的角色定位，该学科应该着重培养具有坚定的马克思主义信仰，系统掌握大学生人格、思想发展规律和思想政治教育规律，熟悉大学生日常事务管理的理论和方法，具有一定科研能力，能熟练掌握一门外语并能进行比较研究，能胜任相关教学和指导开展党政、群团、学生活动等的毕业生。

二是建构完善课程体系。辅导员工作学科可依托马克思主义理论和思想政治教育等相关学科建立。根据辅导员工作特点，将理论和实践相结合，可以开设五大类课程：以高等教育学、学生工作概论等为主的基础课，以马克思主义理论、思想政治教育学原理和方法论政治学、中国传统文化概论等为主的思想政治教育类课程，以社会学、大学生社会化研究等为主的社会学类课程，以心理学、大学生素质拓展、心理咨询等为主的发展指导类课程，以行政管理学、人力资源管理学等为主的管理类课程。

三是构建学科带头人队伍和学科梯队。选拔有相应学科坚实理论基础、很强科研能力、能把握学科发展方向，有较强组织领导能力，有良好学术品德和学术气度的人担任学科带头人，同时建立一支适应学科发展、结构合理的学科梯队。

二、辅导员工作专业化的特征

结合辅导员素质和能力专业化培养的要求，要增强辅导员“立德树人”的能力，实现辅导员队伍的专业化，必须具备较高的理论素养、爱岗敬业的职业精神、熟练的专业知识和实践技能等特点。

（一）较高的政治理论素养

高校辅导员队伍是全面贯彻党的教育方针、坚持社会主义办学方向的生力军。政治性是辅导员工作的根本属性，这就要求每一位辅导员都应当有清醒的“政治头脑”，懂得自己肩负的政治责任和历史使命，要用发展的马克思主义武装头脑，做到真学、真懂、真信、真用，做到信“马”、讲“马”、用“马”，用马克思主义的立场、观点和方法来分析、解决学生的思想问题和实际问题，把党对思想政治教育工作的原则性要求与日常学生事务管理、学生人生导航服务结合起来，使思想政治教育工作的内容和要求落实到学生学习生活的一言一行之中。

（二）较强的职业精神

较强的职业精神是专业化的基础，就是要使辅导员从思想上认同和热爱辅导员岗位，树立职业信念，引领专业行动。职业道德素质也是职业精神的重要内容，辅导员工作很多时候须以身作则、言传身教，只有通过自己的言行发挥榜样的作用才能更好地感染和带动学生。因此，辅导员必须具备高尚的道德情操、奉献精神和职业道德。

（三）熟练掌握实践技能

掌握实践技能是专业化培养的基本要求。辅导员工作是实践性很强的工作，需要通过许多载体和渠道对学生进行思想政治教育。这些载体的有效运用则需要辅导员熟练掌握一系列的实践技能，如专题教育、网络思想政治教育、谈话谈心、课堂教育，开展党、团、学工作，组织校园文化活动，进行班级团队建设等学生组织建设，开展帮困助学、职业规划指导、心理健康教育和咨询辅导工作，开展学生安全稳定教育，处置突发事件，维护校园和社会稳定等。

三、辅导员工作专业化建设的必要性

（一）专业化发展方向是应对国际国内环境变化的需要

随着经济全球化步伐加快和市场经济的进一步发展，我国高等教育的国际化、市场化趋势日趋明显，大学招生、学生就业和办学经费都已逐步市场化，这就直接导致了不仅国内的学生与学生、学校与学校进行竞争，而且国内学生与外国学生、国内学校与国外学校也将形成竞争的局面。学生能否在国际、国内市场的自主择业中获得成功，在很大程度上取决于学生的综合素质和学校的竞争力。如果学生质量不高，在国际、国内就业市场竞争中处于劣势，将会直接影响到学校的地位、生存和发展。因此，高校和人才的市场竞争，要求学校注重培养适应高等教育国际化需要的、有个性和创造性的人才，并形成学校自己的“产品”特色，创建学校“品牌”。这就要求高校的学生工作应围绕教育目标培养有自己特色的“产品”，高校辅导员队伍要紧紧围绕高等教育国际化发展带来的学生工作的变化，要不断调整和优化自己的队伍结构，提升自己的整体素质，以更好地适应市场化、全球化条件下高校学生工作的需要，这就要求我国高校的辅导员队伍建设坚持专业化的发展方向。

（二）专业化发展方向是顺应高等教育大众化发展的需要

自20世纪90年代末开始，我国高等教育就开始进入大众化教育阶段。高等教育大众化对高校的各个方面产生了深刻的影响，如高校学生生源结构出现了多样化、复杂化的态势，学生思想素质参差不齐；大学生的生活场所发生变化，不少高校学生由过去集中居住在校园内转变到有一部分居住在校外，由过去按专业或班级集中安排居住转变为不同专业、不同班级学生混住等。

大学生的思想问题、学习和生活方面的问题都比过去更复杂，所以必须实现辅导员队伍的专业化，以更好地应对这些问题，促进大学生的健康成长，满足高等教育大众化的现实要求。

（三）专业化发展方向是指导大学生成长成才的需要

大学生社会化过程的引导是高校人格培育体系，即以辅导员为主的学生工作系统的主要任务。人格培育体系的培养目标与大学生发展的客观需要是一致的，可以从基本、发展、提升三个方面，用十个项目来描述。其中，基本的方面包括调控自我的能力、与他人相处的能力和适应环境的能力三个项目；发展的方面包括表达与表现能力、沟通与合作能力、实践与操作实施能力、学习与创新开拓能力以及组织与调整能力五个项目；提升的方面包括社会责任感与工作责任心和理想信念与道德自律两个项目。要实现人格培育体系的培养目标，满足大学生发展的客观需要，就必须有一支专业化的队伍通过教育和有组织的活动来影响大学生向设定的方向来发展。所以，辅导员队伍专业化的建设方向也是大学生发展的客观需求，是指导大学生成长成才的现实需求。

（四）专业化发展方向是辅导员队伍自身发展的需要

学生思想政治工作要求辅导员具有良好的思想政治素质、较高的业务素质、较强的事业心和奉献精神。“专业化”使辅导员向“专家型”发展，要把辅导员培养成学生思想政治教育、学生发展指导和学生事务管理等方面的专家，就要通过各种途径对辅导员进行教育和培训，加快辅导员知识更新的速度，及时调整辅导员的知识与能力结构。同时，通过制定动态平衡的人员聘用、考核、激励、晋升和流动机制，可以使辅导员队伍在相对稳定的基础上保持适度的流动，吸引高层次、高质量、多学科人员的加入，实现人员配备的最优化，从而提高辅导员队伍的整体素质。专业化的辅导员队伍建设方向是提升高校辅导员整体素质的根本保证。

四、加强高校辅导员专业化建设

（一）理论建设

1. 确立以人为本的发展理念

以人为本是科学发展观的核心和本质。以人为本就是一切活动都要以人为出发点，以人为归宿，以人为中心，也以人为目的。以人为本内含对人的生活状况的关注、对人的尊严的崇敬、对符合人性的生活条件的肯定、对人类的全面而自由发展的追求。辅导员是人，是生物人、社会人、职业人、文化人和理性人的统一，要真正实现辅导员的专业化与职业化发展，就不可忽略辅导员作为“人”的因素的存在。因此，在建设职业化、专业化高校辅导员队伍的时候，一定要确立以人为本的发展理念，将辅导员作为“人”的一般性和辅导员职业角色的特殊性统一起来。同时，辅导员的专业化、职业化发展不是将辅导员工具化，不能单纯强调手段的合适性和有效性，而忽略辅导员作为主体的内在的根本需要。

辅导员的专业化与职业化发展，不是强调辅导员群体外在的专业性提升，也不是强调辅导员作为工具理性的价值，而是强调辅导员作为主体的内在的根本需要，唯有如此，才能促使辅导员工作潜能和创造力最大限度地发挥。由此可见，坚持以人为本，不仅反映出辅导员队伍建设总目标对辅导员个人发展的总要求，更是遵循辅导员个人身心发展的规律。

辅导员的主体性主要表现在自主性、自为性、选择性和创造性等层次水平上。所以，在辅导员专业化、职业化建设过程中，必须强调辅导员是自己存在和发展的内在根据和理由，必须把辅导员作为实践的主体、中心和焦点，确立辅导员的主体性维度，尊重辅导员的主体性，承认辅导员在专业发展中的作用。只有把促进辅导员自我教育能力及专业自主意识和自主发展能力的形成作为辅导员专业化、职业化建设的重要规定，才能促进辅导员为自我提升、价值实现、人格完善而不断追求专业化、职业化，才能使辅导员在自己存在的生命长河以及生命意义中把握历史使命，在专业发展中寻找自我，在从现实走向未来理想的道路上获得意义的慰藉，获得生存发展价值和方向上的确定性、满足感，从而使人生境界不断提升。一个不清楚自己生命价值，不通过自己创造性的劳动来努力实现其生命价值的辅导员谈不上发展，更谈不上专业化、职业化发展。

2. 遵循高校辅导员专业发展规律

高校辅导员专业发展是辅导员专业不断发展的历程，是辅导员不断接受新知识、增长专业能力的过程。它不仅强调辅导员专业发展的阶段性，更突出专业发展的动态性、连续性和辅导员的主体性。正如教育必须遵循人的身心发展规律一样，作为辅导员专业发展重要途径和方式的专业化、职业化建设，也理应以辅导员专业发展的阶段性和连续性为准绳来规划，既要重视辅导员工作的改进，即关注辅导员专业发展的阶段性特征或近期目标，更要重视辅导员的专业成长，即关注辅导员专业发展的连续性特征或长期目标。只有真正体现了发展性和辅导员的主体性，专业化、职业化建设才能帮助辅导员改进工作和不断提升自己，实现在原有基础上的超越与持续发展。

3. 尊重高校辅导员在专业发展中的认知心理特点

高校辅导员作为其专业发展的主体，有着自身的发展需要和兴趣，而需要和兴趣是辅导员专业发展的内在条件和动力系统，对辅导员专业发展起着启动、定向和动力的作用，它们能否得到尊重和满足，关系到辅导员学习、工作的积极性能否维持和专业动机能否继续等方面的问题。近代心理学家皮亚杰认为，一切有成效的工作必须以某种兴趣为先决条件。所以，以辅导员专业发展为出发点和归宿的专业化、职业化建设必须尊重辅导员在专业发展中的这一认知心理特点，以辅导员的需要和兴趣为出发点来选择知识（或培训内容），遵循知识选择（培训内容）的学习者（辅导员）本位取向原则，同时反映社会和教育发展的需求。

（二）制度建设

1. 促进辅导员职业分类，设立专业系列职务岗位

现在的学生工作增加了大学生职业生涯规划指导、心理咨询、就业指导等内容。面对这一变化，新时代辅导员队伍专业化建设也应该增强辅导员职业生涯规划、心理咨询、就业指导等能力，逐步建立起思想政治教育、心理咨询、职业生涯辅导、法律服务、学生发展、学生管理等方面的专门队伍。在这种模式下，中高级辅导员可按照自己的特长和资格证书分别进入不同的学生工作岗位，而初级岗位辅导员则要在专业人员指导下开展综合性工作。

2. 建立辅导员队伍培训机制，开展专业化培训

建立辅导员队伍培训机制，对高校辅导员进行专业化培训是建设高校辅导员队伍专业化的重要途径。这个培训平台应包含多层次的辅导员专业化培训内容，由教育部、省、市、学校辅导员培训与研修基地分级承担，分类培训，扩大覆盖网络。通过多层次的分担培训培养模式，使参训人员、培训内容、目标定位形成有机的组合，造就一批适应社会发展要求和学生成长需求的专业思想政治教育实践者、研究者。要通过在岗实践的培训方式，如举办辅导员沙龙、辅导员工作论坛、聘请专家进行指导等方式，解决辅导员工作过程中遇到的各种专业性问题。同时，通过合理安排学历、学位提升培养方式，做到培养不脱岗，这样既可以避免辅导员工作的断层，也能保证辅导员的学位、学历的提升。

3. 建立学习型辅导员团队

知识竞争力是推动知识经济和知识社会发展的重要源泉，源于四个相互依存的要素的紧密结合：通过科学研究创造知识、通过教育和培训传授知识、利用信息和通信技术传播知识、在技术创新中应用知识。国内一些企业也通过创办“学习型企业”而给企业带来了勃勃生机。汪中求先生在他的《细节决定成败》一书中写道，在创业过程中，第一代老板靠胆子，第二代老板靠路子，第三代老板靠票子，第四代老板靠脑子。毫无疑问，进入21世纪，随着科技的进步和知识更新速度的加快，不管是作为创业者，还是守业者，一定要不断地学习，更新自己的知识，才能适应日趋激烈的竞争。作为员工，也只有不断学习，使自己成为“知识型员工”，才能适应组织快速发展的需要。

第三节　强化大学生思想政治教育工作

一、对大学生进行思想政治教育应采取的对策

（一）以社会主义核心价值观为指导，充分发挥思想政治理论课的教育功能

思想政治理论课是学生接受马克思列宁主义、毛泽东思想、邓小平理论和“三个代表”重要思想的主渠道、主阵地。教学中，要针对学生思想认识中存在的什么是社会主义、怎样建设社会主义、理想与现实等困惑，实事求是地引导学生正确认识共产主义理想，坚定社会主义信念，帮助学生纠正在社会主义问题上的错误观念和模糊认识，从而使他们更加坚定马克思主义信仰和社会主义信念，实践共产主义伟大理想，从自身做起，为中华民族的伟大复兴更加努力学习，做“三个代表”的自觉实践者。

（二）以社会主义核心价值观为指导，充分发挥校园文化功能

在大学校园里，不仅政治思想工作者和全体教师要全面育人，承担起对学生进行理想信念教育的重大责任，同时，要以校园文化为突破口，从学生最基本的行为规范加以正确引导，使学生克服“小事不想做，大事做不了”的不良心理和习惯，从日常生活中营造有利于培养学生进取精神和求实精神的文化氛围，使优秀的民族文化得以继承和发展，进而在文明的环境中最有效地激励大学生的使命感和责任感，增强大学生的主人翁意识，形成正确的世界观、人生观和价值观。以校园文化为突破口，应充分利用校园文化载体，如在学生宿舍里学生相互了解，交流广泛，思想和行动相对自由，充分利用宿舍文化的优势增进大学生团结协作精神；充分利用广播站、学生团体和各类兴趣学习小组，使第二课堂丰富多彩，使校园文化精彩纷呈，以巩固对大学生进行思想政治教育的实效性。

（三）以社会主义核心价值观为指导，充分发挥网络功能

当代大学生是渴求知识的一代，传统的教育方式已经不能满足大学生的求知欲望，以互联网教育为媒体的新的教育方式已为大学生所青睐。学校要借助互联网占领这一教学媒体，加强正面引导，大力宣传主导思想价值观，提高大学生正确运用网络功能。

二、大学生思想政治教育理论的实效性

（一）提高对思想政治教育理论的重视

大学生思想政治教育工作者必须加强对学生正确引导与示范，让大学生的思想道德回归主流，旗帜鲜明地让大学生对身边的真、善、美与假、恶、丑明确地区分，加强社会舆论的健康正确引导。如果大学生没有一定正确的世界观、人生观、价值取向，积极的生活态度那么将是“千里之堤，毁于一旦”，所以提高对政治思想论的重视，加强政治思想理论的学习任重而道远。

（二）提高思想政治教育工作者的思想政治水平

理论上的成熟是政治上坚定的基础，理论上的与时俱进是行动上锐意进取的前提，要注重理论学习的科学性、全面性、系统性、深刻性，把党的最新理论成果切实转化为一种内在的思维模式和行为习惯，引导常规的思想政治理论工作。

思想政治教育理论工作者应本着“一切为了学生，为了学生的一切”的原则，在学用结合上下功夫。在新的历史条件下，必须大力弘扬理论联系实际的学风，找准理论学习与工作实践的结合点，切实用党的创新理论指导实践、谋划发展、解决问题，做到学以致用、用以促学，使理论武装的成效，最大限度地体现在提高广大思想政治理论教育工作者的思想政治水平的实践上来。

面对瞬息万变的时事事件与各类时新条款政策，思想政治教育理论工作者应该随时有敏锐的触觉和鉴别力，与时俱进的学习态度，全方位多角度地

对最新时事政策的分析与理解。对新的政策和中央会议精神要同教研组展开学习和讨论，要多出成果，并将成果展示给学生，让学生关注第一线的时事变化，让学生感觉与教师生活在同一信息源里，通过思想政治学习后用于解决实际遇到的问题，提高思想政治水平的实效性。大力弘扬理论联系实际的马克思主义学风，以思想解放引领实践、推动实践，不断增强工作的原则性、系统性、预见性、创造性，提升思想政治教育理论工作者的认识水平。

（三）教学上的创新与改革

在教学内容的选择上，应尽量选择生动、贴近现实生活、有说服力的教学案例，定期对社会上关注的热点话题进行大讨论，由任课教师进行归纳和引导。

在教学环节的设计上，除了书本知识的讲授外，要把知识点的拓展外延到生活中去，对大家关心的事件进行示范性引导。

太枯燥的课堂会禁锢学生的创新性和积极性，组织学生多参加志愿者服务活动，参观革命老区、革命历史遗址、革命纪念馆和博物馆，走访革命老人，听讲抗战故事等，在信息高速发展的今天，占领思想政治教育的网络阵地，高校思想政治工作者建设起了一批广大青年学生喜闻乐见的“红色网站”。它们鲜明地举起马克思主义的旗帜，不断提升网站的知识内涵和网上理论学习的交互性，成为广大学生党员、入党积极分子的精神家园。高校思想政治工作者还主动利用微博、微信等形式，构筑与广大学生之间的即时交流平台，把思想政治教育工作寓于师生互动和对学生的心灵关怀中。

让新时代的思想政治教育理论影响当今的大学生，能让其建立起正确的世界观、人生观、价值观。

三、当代大学生思想政治教育方式方法的创新实践

（一）淡化教育主客体界限

当今社会，大学生不仅具备较高的文化水平，而且信息获取多元化，独

立思考的能力大大增强，平等意识和自立意识普遍树立，因此，在大学生思想政治教育过程中，充分尊重和体现大学生的主体地位，调动其参与教育过程和自我教育的积极性，已成为当前大学生思想政治教育改革和创新的共识。近年来，我们积极开展创新实践，以苏州大学田芝健教授为主导的教育教学团队提出并实施了“双向立体型”思想政治教育教学模式，建立健全教师与学生的对话机制、构筑对话交流平台，在实践中都收到了理想的效果。

事实上，思想政治教育作为价值观教育是有别于知识教育的。价值观教育触及的不是对象的认知结构，而是评价结构；追求的不是知识的扩张，而是态度和信念的转换；评价的标准不是“学”到了多少，而是“信”了什么。可见，重视受教育者在思想政治教育中的主体地位和能动作用十分重要。教师要走到学生之中，听取意见，平等交流，学生参与教育活动，主动触及实际思想。通过师生的平等交流、双向互动，教育者因势利导，受教育者主动思考，从而不断增强思想政治教育的实效。

（二）重视发挥文化育人作用，加强校园文化建设

文化对人的思想的渗透和影响为大学生思想政治教育提供了一个新的视域。近年来，我们通过校风建设、校园文化建设、校园环境建设、文化机构和设施等方面的建设大力推进校园文化创建活动，注重学校大学精神、传统与特色、气度与风格等方面的孕育与弘扬，将大学生思想政治教育融入校园文化之中，较好地发挥了文化对大学生的熏陶和感化作用。校园文化创建活动的蓬勃开展，营造了健康向上的大学育人氛围，有力地增强了大学生思想政治教育的效果。

（三）关注学生心理，解决实际问题

坚持以人为本，贴近生活、贴近实际、贴近学生，是《意见》提出的加强和改进大学生思想政治教育指导思想的重要内容。在当今社会生活急剧变化、竞争日趋激烈的情况下，大学生在学习和生活中面临诸多心理和实际问题，而他们的思想问题大多与他们遭遇到而又不能完善处理或难以解决的心

理问题、实际问题交织在一起，面对这些困惑与无助，思想政治教育需要增强人文关怀。近年来我们十分重视大学生的心理健康教育，成立大学生心理健康指导中心和咨询机构，建立学生心理健康档案，不仅把心理健康教育纳入大学生思想政治教育的内容，还积极借鉴心理健康教育的建设模式和教育方法。与此同时，在实施思想政治教育过程中，把着力点放到解决学生实际生活中遇到的问题上来，积极介入学生的生活世界，帮困助学、创就业指导的服务、生活和成才指导等，深得大学生的欢迎和信服，在解决实际问题的同时，调动和激发了大学生解决思想问题的自主性和积极性。

第四章　产教融合下高校专业教师队伍建设

我国高校要实现发展，就必须对教师队伍的建设予以重视。所以，我国无论是社会还是高校层面，对培养教师队伍都要逐步加大投入。高校作为人才的产出地和聚集地，加强自身管理、建立规范科学的师资管理制度成为当下必然的要求。调动教师的积极性、提升教师的使命感、提升教师的教学能力、是高等教育必须解决的重要课题。本章介绍了产教融合下高校专业教师队伍建设，分别从建设“双师型”教师队伍、推动教师教学发展与组织建设、提升教师教学能力与课程建设三个方面进行了论述。

第一节　建设“双师型”教师队伍

一、“双师型”教师的理解

一直以来，人们对“双师型”教师有不同的认定和理解，也出现了很多不同的概念，具有代表性的有以下几种：

1.“双证书”说

这是对“双师型”教师的操作性定义，指的是教师既获得了教师资格证书，又获得了职业资格证书。

2.“双能力”说

这是对“双师型”教师的描述性定义，指的是教师既具备“理论教学”能力，也具备“实践教学”能力。通常认为“双能力”是“双师型”教师概念的职业本质，也是更符合现今高校教育理念的对高校教师的职业素质要求。这种学说更加贴近“双师型”教师的内涵。

3.“叠加”说

这是对“双师型”教师的规定性定义，指的是“双证书＋双能力”的教师。这种学说是将以上两种概念综合为一体的学说，“双能力”是其内涵，“双证书”是其外延。

4.“双层次”说

这是对“双师型”教师的纲领性定义。双层次包括基础层次和更高一层次，基础层次是指教师要具备扎实的专业知识和精湛的教学能力；更高一层次则指教师的职业素质，要求教师能够对学生进行职业引导和价值观引导。这一学说对教师的职业素质和人格素质作出了要求，也为高校培养教师人才，为优化教师素质结构提供了方向性建议。

之所以会产生这样的巨大差异的理解，是因为研究者在解读“双师型”

教师的内涵时从不同的研究视角进行了分析，或者他们根据自身的不同经历和所处的不同学校实际教学环境对其加以理解。虽然产生了分歧，但是无论哪种，都为高校“双师型”教师的定义和评选提供了既可操作又具备一定权威性的依据。“双师型”教师概念不同理解的提出既丰富了教师个人素质培养和提升的理论，也使得教师个人专业素质培养模式的发展受到了阻碍。

二、高校“双师型”师资队伍建设

（一）高校“双师型”师资队伍建设定位

人才培养、科学研究、社会服务、文化传承创新作为大学的四项职能，既是教师的重要职责，也应该成为其专业发展的主要导向。高校要根据自身的办学定位，围绕这四大基本职能加强师资队伍建设，积极探索教师专业发展与学校科学发展的互动双赢之路。

1. 在履行人才培养职能中加强教师的专业发展

培养社会需要的人才是高校的主要职能，也是不可忽视的职能。高校是我国高等教育体系的重要组成部分，承担着极为重要和关键的人才培养任务。高校教育要重视对学生的创新性和适应性的培养。这些要求反映到教师身上，就是要求教师在以下几个方面上有所提升：

第一，专业知识层面。社会要求学生必须掌握扎实的专业知识、实践能力、创新能力。这就要求教师必须拥有广阔的知识面和扎实的专业学科知识，对知识的掌握和深入理解是教师职业的基础，也是教师能力发展的核心。教师的工作是需要创新性的工作，只有教师的基础知识扎实，对专业知识的理解深入到位，才能保证其工作适应学生的要求和行业发展的要求。

第二，知识拓展层面。面对社会发展的需求，学生应当是知识、能力、个性、人格全面发展的素质型人才，这就要求教师应当在掌握扎实的专业知识的层面上向相关的学科和领域渗透，这样才能在教学过程中引导学生拓展知识面。此外，只有教师在兴趣爱好、个性和人格方面都全面发展的情况下才能具备人格魅力，才能在自身的影响下引导学生发展特长与个性，树立正确的终身发展观念。

第三，专业实践能力。行业要求学生应当具备较强的专业意识，能够适应地方经济发展趋势，能够沉下心与行业或单位共同发展的应用型人才。这就要求教师也必须具备专业方面的实践经验，在教学过程中必须以社会和行业的需求为导向进行教学活动。因此，教师应当在学校和院系的组织领导下提升自己的实践能力，与企业形成合作，定期到企业中进行工作实践，或到地方和企业中进行考察和调研。通过以上形式教师能够随时了解最新的行业动向与行业技术发展趋势，在企业中提升自己的实践经验和实践能力。此外，高校还可以聘请专业技术人才定期到学校讲课，让学生了解行业工作的实际情况。

第四，倡导研究性教学。随着高校扩招和高等教育大众化，高校学生的组成发生了很大变化，学生之间的差距也很大。教学研究是教学能力提升的主要形式，高校教师也要不断在教学实践中总结经验，提高自己针对不同水平的学生的教学能力。教师要重视师德与师能的提升与融合，全面提高自己的教学素质，将学生培养成全面发展的高素质应用型人才。

2. 在履行科学研究职能中加强教师专业发展

科学研究是高校的另一职能，科学研究是行业知识创新、技术创新和领域延伸的主要渠道。高校应当积极满足社会行业发展与经济发展的需求，组织和倡导教师积极参与科研工作。高校科研工作另一主要目的是培养人才，不管是教师还是有研究意愿的学生，高校都应当给予他们适当的科研机会。德国著名教育学家雅斯贝尔斯认为，高校教师首先应当是研究者。高校教师所面对的学生是成熟的、有独立思维的、有追求的青年，教师应当引导他们积极参与科研工作，从研究过程中深入学习。高校教师必须要对专业有深入系统的研究才能灵活掌握专业知识，才能在教学活动中找到适合学生的教学方式。因此，教师必须要培养和提升自己的科研能力：一方面在研究创造方面取得成果，促进行业的发展；另一方面通过自己的科研项目和经验培养学生的科研能力。

高校的研究职能实现对教师队伍建设也提出了要求。首先，教师应大力开展应用型研究。高校教师的研究方向应围绕当地的行业发展实际进行，在研究过程中，教师应将行业发展与当地历史、文化、产业等因素结合，寻找行业发展和创新性延伸的基点。其次，教师要综合考虑当地行业发展的需要与限制，结合地域优势和特色，形成创新性的特色应用型学科。这样的研究才能同时具备发展行业和实际应用的特性。再次，教师应当以专业为基础进行跨学科研究。当今社会，行业的发展使学科之间的融合变得更加紧密。高校可以从全校层面上对师资和教学资源进行统一配置，相比学科教学相对成熟的高校而言，这类学校在构建学科融合交流平台方面更有优势。具体而言，高校在学科建设初期就要在顶层设计、制度等方面为跨学科交流研究平台的建设打下基础，并从师资队伍建设的角度为组建跨学科和学科交叉研究团队打下基础。最后，高校要重视学术团队建设。我国许多本科高校的学术团队建设相对比较薄弱，教师大多以教学、教研工作为主要发展方向，学科建设缺少领头人物、科研实力薄弱。集科研、教学、专业实践特点于一体的教师队伍建设是非常重要的。教师自身也要重视学术研究方面的提升，通过自己的发展助力本专业学科学术团队建设，将本专业建设成优秀的学科发展和人才培养基地。

3. 在履行服务社会职能中加强教师专业发展

随着现代高校教育大众化转型的脚步，我国大部分高校的职能也逐渐倾向于为社会经济发展提供人才。《国家中长期教育改革和发展规划纲要（2010—2020 年）》提出：高校要牢固树立主动为社会服务的意识，全方位开展服务。高校承担着人类文明进步和社会发展的重要助推责任。美国纽约州立大学教授埃茨克维茨提出了三螺旋理论，他认为政府、大学和企业这三者之间有相互促进、相互渗透的作用，它们之间三力交叉，如同螺旋结构一般。我国高校虽然实行对外开放办学战略，但是大部分高校都是更加重视与本地政府、企业之间形成合作关系。高校的发展与本地经济发展之间的联系不可忽视，因此，高校在教学和科研工作也常着眼于本地经济社会的发展，依据本地实际情况设立专业、规划学科教育、培养专业人才。这种办学模式能提高高校在社会中的影响力与号召力，同时也能集中人力、物力、财力等教学资源，以地区经济发展建设为目的，将学生培养成更加适应社会发展需求的人才，为地方的经济发展、企业发展提供服务。

由此不难得出结论，从服务社会的办学职能角度分析，教师需要在以下几方面提升自己的能力：首先，教师要提升自己的认知水平，将自己的教学和工作价值定位在为服务地方发展上，增强自己服务地方发展的意识。其次，教师要提升自己服务地方的能力，教师不能只专注于教学和科研，更要走出课堂，走出研究室，到地方企业或组织中进行实践和调研，要从各渠道收集当地信息，分析地方社会发展现状和发展趋势，了解社会现实。同时教师也可以根据自己的调查发现，从当地的经济发展和社会发展需要等角度开展研究互动，申报研究课题。最后，高校要为教师服务于地方发展提供便捷可靠的平台。高校可以成立专门的部门帮助教师实现与企业或政府之间的合作对接，实施优惠政策，资助教师开展产学研合作，举办社会性科普活动，为本地社会科普教育提供助力。在地方社会与经济发展进程中，高校教师应承担起军师和智囊的责任，为区域社会和经济发展作出贡献。在此过程中，教师也能同步提升自己的教学能力、专业实践能力和科研能力，促进自身职业的发展。

4. 在履行文化传承创新职能中加强教师专业发展

文化传承是现代高校教育的重要目标。现代社会要求学生不仅要具备专业素质和能力，还要有一定的文化涵养和底蕴，文化传承教育能培养学生的思想与道德水平，也能让学生在生活和学习中坚持正确的价值观。文化传承职能的凸显也体现了当今政府、社会对高等教育的新诉求。因此，高校教育要将文化教育渗透在各学科的教学过程中，更要在教学过程中传承历史文化精神，吸收和融合时代文化，引进国际多样化的文化价值，使我国历史文化顺应时代的发展并焕发生机。通过文化传承和文化创新教育，高校可以进一步实现育人目标，逐渐提升全民文化素质，进而提升国家的软实力和影响力，推动国家传统文化走向世界，为实现人类文明的共同发展提供助力。

从文化传承教育职能这一角度来看，教师应当竭力提升个人文化素质，以适应教学新要求。首先，教师要在具体教学实践中落实文化育人策略，在知识育人的过程中不忘道德育人，坚持以人为本的教育理念，将文化教育渗透到日常的教学当中，增强自身的职业道德感和责任感，以身作则，让学生在良好的文化教育环境中学习。其次，教师要主动走出校园，积极参与社会文化建设工作。区域文化建设是国家社会文化建设与发展的一部分，教师应当重视区域文化创新建设工作，让高校文化教育活动辐射周围地域，带动区域文化建设的创新性发展。最后，教师要积极参与对外文化交流。虽然高校身处地方，但是教师的思维和工作领域不能只局限于地方，要积极与其他地方院校或者其他文化发展工作优秀的区域进行合作交流才能让地方文化吸收多元文化特色，借鉴其他地方经验，进而拥有创新性发展。

（二）高校“双师型”师资队伍建设的标准

我国高校必须要明确“双师型”教师的标准。根据以往教学经验，学者总结出了比较能够被广泛认同的“双师型”教师的内涵标准。他们认为“双师型”教师是能够将教学素质和行业专业素质结合，系统掌握了行业知识、技术、技能、发展方向预测等方面能力的具有专业素养的教师。由此可见，首先，“双师型”教师要拥有较强的教学能力，具备扎实的专业知识基础和庞大的知识网络结构，具体而言，教师在专业知识之外，还要掌握专业实践知识和技能、人文社会科学知识。这类教师不仅在教学工作中能够依据教学规律和教学创新要求合理改革教学方式，积极研究教学改进思路和方法；在专业实际工作方面还能随时关注行业发展动态，如技术更新、产业升级等讯息，并通过对行业未来发展趋势的分析设计开发新课程，调整教学内容，改进教学方式，培养出与行业需求更为贴合的专业人才。其次，“双师型”教师也要有较强的实践能力，能够通过组织实践活动培养学生的能力。教师必须要对行业内的生产技能规范、技术标准、一般工作管理规则等知识有所了解，然后根据相关信息组织学生进行社会调查、社会实践、实习、课程实验等实践教学活动，这就要求教师要有一定的行业从业经验这样才能有效组织学生参与企业工作实践。再次，“双师型”教师要有一定的科研和创新能力。“双师型”教师的培养致力于为社会发展提供更优秀的服务，因此教师必须在科研方面有一定建树，能够为企业提供技术指导和创新指导，并带领学生进行科研创新活动。最后，“双师型”教师要具备优秀的职业素养。这就要求教师必须是有师德、有人格、有爱心、有工作态度的人。现代高校教育中，教师的职业素质和人文精神是影响教育成果和学风建设的重要因素，因此教师一定要具备渊博的人文知识、高尚的人文情怀、包容的心胸和独立的人格精神。

我国高校要完善“双师型”教师的系统。严格按照相关文件意见和纲领的要求加强“双师型”师资队伍建设。首先，高校要调整教师团队的结构，改革之前的教师聘用、评级制度，积极引进行业优秀的技术、管理人才进行授课。其次，高校要加强对教师的培训工作，为教师提供到企业培训和积累工作经验的机会。再次，高校也要改变教学评价、绩效考核、薪酬激励等与教师职业发展相关的制度，为教师提高实践能力提供动力。本科院校在进行“双师型”教师评定的共组中不能只考虑教师的学历、职称等指标，也要考虑教师的职业素质和能力，考查教师是否具备优秀的教学能力和行业实践经验。高校在评选“双师型”教师时，不能只关注教师的表面成绩，更要关注教师的内在实力。

高校在对教师进行评价时，应针对普通教师和“双师型”教师制定不同的评价标准体系。因为“双师型”教师不仅负担着对学生的教学任务，还负担着对学生的实践指导任务，实践教学活动通常没有统一的评价标准和体系。具体而言，高校在教师“双师型”教师评价工作中可以根据两方面内容来进行：对待教师的课堂教学，可以沿用已有的成熟的教学评价体系；对待教师的教学实践活动指导，应从多角度研究，制定专属的评价体系和方法，这项工作可以让本院系的专家、企业优秀人才、行业代表等人合力进行。总之，高校要根据教师的实际教学水平、实践指导能力等评价将“双师型”教师划分等级，并依此设定教师的薪资待遇。

高校在制定“双师型”教师的评定标准时，应重点关注教师的教学能力和专业实践能力，这样不仅能引导教师用正确的方式和渠道提升自己的教学素养和竞争能力，让教师的工作围绕学生素质的全面发展来开展，也能让教师在服务社会、服务行业等方面有所建树，促进社会加深对“双师型”教师的理解和认可，从而让社会和企业支持“双师型”教师培养的工作，提高“双师型”教师在社会上的地位。

高校针对“双师型”教师的标准制定应重视其系统性。要明确标准的结构框架和主要脉络，并将教师的专业知识、职业道德、教学理念、专业实践能力和社会服务能力合理嵌入系统当中，组成评定“双师型”教师的主要评价指标。

具体来说，高校“双师型”教师专业标准内容包括以下几点：

1. 先进教育理念

“双师型”教师应具备先进的教育理念，这主要强调培养“双师型”教师的工作伦理、职业素养和精神，提升教师的责任感。

2. 专业道德

“双师型”教师应具备高尚的专业道德，这是对“双师型”教师专业尊严和专业自主性加以维护的重要载体，也是对“双师型”教师的行为加以规范，促进其专业服务品质不断提升的重要工具。

3. 专业知识

“双师型”教师的专业知识基础应深厚而广博，对所教学科的基本知识、教育方面的知识与实践历程中的实践知识都要有一定的掌握。

4. 专业能力

“双师型”教师的专业能力包括教学能力、校本课程开发能力、沟通与合作能力、组织管理能力、专业实践能力、科研能力、反思能力等，对于其中的专业实践能力要特别重视。

5. 专业服务

“双师型”教师不管是对企业员工进行技能培训，还是为企业生产提供技术研发，在这些方面的专业服务必须达到高标准要求。

高校“双师型”教师的专业标准应该体现出共性能力，但也要适当整合专业差异，还应重视分析“双师型”教师帮助学生“向工作和成人角色转换”的能力、培养“学生持续发展”的能力以及“国际职业教育交流合作”能力等要素。

开发“双师型”教师的专业标准需要进行科学设计，具体步骤如下：

首先，对参与标准开发的人员进行科学选拔，成立专家工作团队。专家工作团队应以高等职业教育专业教师为主体，此外还应包括教育研究人员、高校管理人员、教育行政部门人员、教育教师培训机构人员、培训师以及企业技术专家等。

其次，科学论证与设计开发方法，可采用“工作任务分析（DACUM）”的方法，在此基础上将文献研究、专家研讨、比较研究及实证研究等作为辅助方法，对“双师型”教师的“工作任务”与所需具备的“职业能力”进行分析。

最后，分阶段制定“双师型”教师专业标准，一般分为四个阶段：分别是调研阶段、编写阶段、修订阶段、完善提高阶段。

（三）高校“双师型”师资队伍建设的机制

地方本科院校要切实注重“双师”素质培养，主动把加强“双师型”教师培养纳入学校发展和专业建设的总体规划中去，将其作为一项战略性任务来抓，切实完善机制，健全长效机制，从政策制度导向上引导激励教师主动向“双师型”方向发展。高校“双师型”师资队伍建设机制主要有以下几点：

丰富教师的引进手段。高校应制定合适的人才引进制度，面向应用知识和能力都比较强的或者有过行业工作经验的硕、博研究生来做讲师，也可引进一些具有丰富工作经验和行业基层工作经验专业技术人员、管理人员作为讲师。这些人才都是行业实践知识和职业技能优秀的人才，只要能培养起他们的教学能力，他们就能迅速成长，成为新的“双师型”教师。除此之外，高校也可以与其他教学能力、人才培养能力优秀的高校，对口行业的企业等单位进行人才培养合作，共同培养高校所需的高水平、高素质教学人才。高校也可以聘请兼职讲师、客座教授、特聘教授，通过这种形式邀请业内专业技术顶尖、实践经验丰富、指导能力强、掌握行业前沿技术理论和发展趋势的高端人才来学校进行讲授。总之，高校要使用不同的方式吸纳行业内的具备“双师型”教师素质的人才，为学校的“双师型”师资队伍建设提供助力。

建立兼职教师队伍。部分高校缺少资金和发展平台来吸引企业人才来任教，且许多高端的行业人才只有在企业内才能发挥自己的全部价值，因此，高校可以针对这类人才制定“双师型”教师兼职政策。这类兼职教师能够将自己的行业实践经验与课程教学结合起来，让高校的相关实践课程更加符合行业实际情况。此外兼职教师的存在也能在一定程度上指导高校的其他教师向“双师型”教师转化。对于这部分兼职教师，高校也要有相应的引进和管理制度。首先，教师在选拔兼职教师时，除了其专业能力之外，更要测试其教学能力；其次，学校要建立完备的引进制度，对于教师的评价标准、福利待遇、奖惩措施等方面作出明确规定，让人才引进发挥其价值；最后，高校要关注这部分人才的教学能力的评价和提升，高校可以通过公开课、学生反馈等形式了解教师的教学情况并将结果反馈给教师，然后通过奖惩措施和相应的教师互助等形式提高这部分人才的教学能力，进而提升高校“双师型”师资队伍中的兼职教师队伍的建设。

构建青年教师实践培养成长体系。在“双师型”师资队伍建设工作中，高校更应重视校内教师的培养和发展工作。高校应当建立教师培训和进修基地，为在职教师提供教学能力提升的渠道，同时也要与当地企业进行合作，为教师安排进入企业进行学习和实践的机会，帮助教师把握行业发展的脉搏。具体而言，在校内基地建设方面，高校应当建立校内基地，将教师的实验、实习和培训工作系统性结合起来，借助国家和省级的重点实验室以及工程中心建设工作，为教师建设师资培训示范基地，让教师在校内就能进行实践锻炼。高校也要鼓励教师主动参与实验室和培训实践室的建设工作，为实训基地的建设和完善提供思路和意见。教师也要积极申报实验和实训项目，为实训基地增加实践项目。此外，如何将实训基地的实验设备和先进教学仪器与教学相结合，让学生在学习过程中增加实践经验、学习先进的技术和工艺也是让高校教育更加贴近行业发展实际的重要问题。在校企合作方面，高校应当与当地或者著名的行业企业代表单位进行合作，依托企业建设实训基地，促进高校和企业的双赢性发展。企业实训基地的建设能将人才培养、科学研究实践、社会服务有机结合，实现产学研一体化，在培养学生的实践能力的同时，也培养了教师融合实践进行教学的能力。此外，企业实训基地的建设也能让教师在科研项目中培养自己的“双师”素质，加强科研成果向生产力提升方向的转化。

建立分类考核制度以及配套的奖惩制度。考核和奖惩制度是激励教师进步的重要方式。在“双师型”师资队伍建设工作中，高校应当建立合适的、有激励效果的奖惩制度，用实际的奖励鼓励教师主动发展教学能力和实践能力，建立自我培养机制。在考核方面，高校可以从教师培养经验和成果中总结出重点和规律，制定可行的评价标准和等级。对于不同渠道引进的教师，也要有不同的考核标准和激励体系。

三、“双师型”教师作为专业教师的发展路径

（一）加强“双师型”教师职业发展制度的科学建立

1.“双师型”教师考核制度的建立

为提高高校“双师型”教师的专业化水平，需将“双师型”教师资格作为从业标准，同时国家还应对“双师型”教师资格的考核制度进行建立并完善。通过实施考核制度，能够推动“双师型”教师的完善，尤其是实践经验缺乏的年轻教师可以深入企业相应岗位进行专业实践，对行业发展动态及时了解，对行业最新信息加以把握，在实践中不断巩固理论知识，掌握实践技能，从而进一步提升专业素质。

高校要根据对“双师型”教师的专业素质要求，对考核办法加以优化，促进“双师型”教师认定标准的不断完善，打破终身制，对有助于推动“双师型”教师不断成长的考核制度加以制定。具体有以下几个方面的要求：

首先，实施“双师型”教师评价多元化。在评价内容上，注重评价“双师型”教师的职业实践能力和教学实践能力，合理分配理论、知识教学与实践教学的考核比重，注重考核教师的应用科研能力；在评价形式上，将过程评价、绩效评价及综合素质评价充分结合起来。

其次，制定硬性措施和督促机制，积极鼓励专职教师到企业顶岗实践，并将此作为教师考核、岗位等级聘任的重要指标和职务考察的主要内容之一。

最后，针对不同类型、不同成长时期的“双师型”教师制定的考核措施不能完全一致，注意区别对待。

2.“双师型”教师激励制度的建立

每个人都有不同程度的惰性和贪性。惰性是意志力薄弱的表现，贪性是

付出的少，想要的多。为了克服这些人性弱点，管理学上强调通过制定制度来激励人上进。在赏罚分明的环境下，人的潜能更容易被激发出来。

对“双师型”教师的激励制度进行建立健全，能够使“双师型”教师更加自觉地参与培训。提升“双师型”教师的专业素质不是短期内就能见效的，需要教师为此付出大量的时间、精力，长期坚持培训才能有所收获。高校必须对一系列科学合理的激励措施加以制定，从而将“双师型”教师的积极性、主动性充分调动起来。

具体的激励措施有以下几种：

第一，根据“双师型”教师到企业实习的情况或工作表现及考核情况发放“课酬津贴”。

第二，在物质或精神上奖励在企业实习或顶岗工作期间从事应用项目开发、实用技术攻关、员工培训、业务咨询管理等工作且表现良好的教师。

第三，完善奖励性绩效工资分配政策，向工作能力突出且业绩好的“双师型”教师适当倾斜。

第四，对“双师型”教师“工作室”“名师工作室”加以建立，在校内外假期对“实践教学基地”的建设，为“双师型”教师提供良好的教学环境和技术创新条件。

（二）推动高校“双师型”教师职前培养制度的健全与完善

促进“双师型”教师专业素质的提升与进一步发展，还应对“双师型”教师的职前培养制度加以完善。这就需要对教师教育课程标准加以制定，从而使师资队伍新生力量补充的质量基准得到良好的保障。同时，必须促进教师培训机构的资质标准的提升，并从国家层面建立统一的考试制度来管理高校教师任职情况，考试制度中应包括“企业工作经历”“实践性教学准备”等考核标准，将这一关严格把控好，能够有效确保教师个体的专业发展和整个师资队伍专业水平的提升。在21世纪，我国各级各类教育都已经进入了全面提高质量的时期，职业院校要在国家政策指导下，抓住国家对高等教育分类管理的契机，加强改革与创新，切实提高自身的办学实力与质量，对每一个学生的发展及每一位教师专业素养的提高与可持续发展都要予以关注。此外，高校还要对“双师型”教师职前培养的内容进行完善，具体从以下几方面来落实这一工作：

1. 努力学习教育教学知识

教育与纯功利性的一般职业培训不同，教育是高等教育的一种类型，以就业为导向，高举“以人为本、促进人的全面发展”的大旗，以培养人、发展人、完善人为宗旨。教育不仅具备高等教育的功能，还具有自身不同于普通高等教育的特征，“双师型”教师对这一点必须要有正确的认识，并且在教学中体现这一点。“双师型”教师作为职业教师，应具备专业理论知识、职业教育知识以及职业教育心理学知识，只有知识丰富、专业，且具有运用知识的能力，才能更好地开展教学和科研工作，同时促进教育的价值取向和社会效益的提升。因此，“双师型”教师必须认真学习高等职业教育的教育知识，同时深入研究和准确把握学生的心理。

2. 促进“双师型”教师的教育理念强化

提升“双师型”教师专业素质的主要内在驱动力是教师自身的教育理念，具体表现为教师对专业的忠诚度、对事业的使命感、对职业的奉献精神、对工作的责任心、对专业道德的坚守以及对自身发展的追求。教师不仅是知识的传播者，而且是模范。培养与提升教师的教育理念是一个非常具体的实践问题，教师教育理念的形成是一个内在体验与外在环境相互作用的过程。对教师而言，理论知识固然重要，但其更需要在实践中检验理论知识的科学性和教学实践的成效，教师也应该在教学实践中确立相应的信念，具体可以通过实践性反思、合作性交流和行为更新等有效的实践策略来提升教师的教育理念。

3. 强化“双师型”教师的教学实践能力

鼓励“双师型”教师不断熟练职业工作的任务、流程和新技术的开发方法，在具体教学实践中促进其执教能力、校本课程开发能力及探究能力的提高，使“双师型”教师成为能够灵活驾驭教育教学工作和企业职工培训工作的智慧型和多能型教师。

对“双师型”教师教学实践能力的强化应从以下几方面着手：

（1）执教能力的强化

“教学设计”和“教学实施”是“双师型”教师执教能力涉及的两个主要方面。前者指的是备课，包括备教材、备教法、备学生。后者指的是上课，教师善于课堂管理，懂得有效教学是上好课的两个前提。“课堂管理”包括对课堂物理环境和心理环境的管理，还包括对课堂规则的制定以及对课堂突发事件的处理等，它要求“双师型”教师具备为学生提供安全有序、公平且受尊重的良好学习环境的能力。有效教学要求教师立足于学生已有的知识或经验，将学生的新旧知识有效联结；将教材知识有组织、有条理地呈现出来，对重要的概念、原理或技能等进行正确而清楚的讲解。合格的“双师型”教师要具备的素质就是学会教学并具有良好的执教能力。

（2）校本课程设计和开发能力的强化

校本课程开发是高校以自己的教育哲学思想为依据，为使学生的实际发展需要得到满足，以“双师型”教师为主体所进行的、与高校具体条件相符的一种课程开发策略。对校本课程的开发有助于职业院校办学理念的落实，将职业院校的办学特色彰显出来，使学生的实际发展需要得到更好的满足，促进高校和学生的多样化发展。教育要求教师兼具多重角色，其中“预定课程的实施者”和“校本课程的设计开发者”是两个非常重要的角色。因此，“双师型”教师开发校本课程，具备课程设计与开发能力是其基本职责体现。

（3）探究能力的强化

教育具有工作情境复杂、教育问题开放、教育技术不确定等特征，因此，

“双师型”教师应具备良好的探究能力。“双师型”教师思考纯理论知识、创作学术性文章、开展学术研究等都不能很好地说明其探究能力得到了强化，而强化“双师型”教师的探究能力主要是要求其以理论武装自己，以研究型思维和态度正确对待自己的工作，这体现了“双师型”教师的深层学习能力，具备该能力的教师可以对自己观察到的现象进行高度的概括。具备良好探究能力的“双师型”教师对教育方面的专业文献都能顺利阅读，能将教育学界最新的研究成果很快吸收、消化，而且还能从工作实际出发独立思考，自主探究，对教育实践中的现实问题进行创造性地解决，对属于自己的“教育知识”进行科学建构。

（三）充分发挥“校企合作”体制在“双师型”教师培养方面的重要作用

1. 建立企业内部有关教师到企业实践的管理制度

教师进入企业进行实践应当遵循企业的管理制度，所以企业对教师的管理影响着教师的学习成果。

企业在管理实习教师时，应当注意以下几个方面：

首先，企业要做到一视同仁。教师要想真正积累实践经验，就要严格遵守企业制度。因此，企业也要将教师视为普通员工，记录他们的考勤和工作量，同时要做好对教师的规章制度培训，让教师严格遵守企业的纪律规范。

其次，根据岗位要求、企业实际及教师与学校的需求，对教师的实践内容与目标加以确立，并严格进行考核。教师在企业的实践锻炼情况既要作为企业员工绩效考核的内容，又要作为学校人事绩效考核的内容，从而激励教师在企业认真实践，掌握实践技能。

再次，教师去企业实践的时间较短，而且有明确的目标，可以说是一种为了配合高校的人才培养需要而进行的特殊学习，企业应充分尊重教师的价值，合理安排教师的工作。

最后，加强对教师实践安全管理制度的建立健全，对于到企业实践锻炼的教师，企业应提供专业培训，如生产技能、安全操作等，避免教师发生安全事故，给企业造成损失，对于企业、学校以及教师的安全责任和义务，都要加以明确。

2. 建立教师与企业技术人才交流互动平台

对比高校，企业在生产方面有很大优势：企业拥有先进的生产设备，掌握先进且高效的生产技术，吸纳了许多优秀的技术性人才。教师则在技术理论等方面具备优势。因此，校企合作要重视发挥两者的优势，实现理论与实践的融合。建立校企之间的人才交流和互动平台有助于实现校企之间的合作双赢。教师和企业相关人才可以共同组建研究室，将行业理论和生产实践相结合，寻找技术突破、产品研发的灵感和机会。在此过程中，教师也能锻炼自己的专业实践能力，通过对实践活动的总结发展专业理论。

除此之外，建立校企技术人才交流互动平台，实现校企人才培养合作也能提高企业内部的员工培训能力。企业内部培训是员工素质提升的重要途径，将员工培训与行业发展、市场竞争相结合能让培训工作更加满足员工发展的需要，提升企业的竞争能力。

（四）“双师型”教师努力探索多元有效的自我提升路径

1. 制定职业生涯发展规划

与“双师型”教师实际情况相符的生涯发展规划是“双师型”教师个人发展的蓝图。具有科学性及预见性的蓝图能够为教师的正确发展提供良好的引导与可靠的保障。

具体而言，制定“双师型”教师的生涯发展规划需从以下几个方面着手：

第一，“双师型”教师应对自己“专业知识更新”的长效机制进行规划。教师专业发展的阶段理论指出，教师从事教学工作的前两年处于适应阶段。作为一个新手教师，他们在不断适应工作环境与工作中出现的各种问题，随着教龄的增加，他们的教学经验变得丰富起来，教学能力也不断上升，包括越来越熟悉教材内容，掌握了更多的教学技巧，课堂管理效果更好，此时，他们逐渐发展为熟手教师。但在从事教学几年后，他们的知识和教学模式可能会变得固化，教学水平需要提高。对这些教师来说，只有吸收新知识，才能消除职业倦息，教师必须在工作的同时不断学习与提升自己，使接受教育和参加工作相互交替，不断相互回归，新陈代谢，形成良性循环，掌握更多更新的知识，学会更先进的教学方法，更好地发挥自己的价值和育人功能，有效预防职业倦怠。

第二，“双师型”教师认真学习教育知识，同时在教学方法设计和科研上不断努力。“双师型”教师应对国家层面组织开展的关于教育学的前沿性专项研究成果主动进行学习，积极参与针对“双师型”教师的培训活动，对自己所教授专业及其相关职业领域的“专业教学论”及“专业教学法”要及时补充与完善，掌握“通用教学论”及“教育心理学”知识，同时掌握与普通高等教育相区别的高等职业教育教学法和教学论的相关知识。在学习教育知识的途径方面，高校“双师型”教师可参加职业技术院校组织的培训活动，或者国家级和省级高校师资培养培训基地的课程。

第三，“双师型”教师对自身社会服务能力的提升进行规划。随着社会的不断进步，我国对专门探索高深知识的高等教育机构的需求越来越强烈，高等教育机构对社会经济、环境等相关问题的探索与研究，对社会各方面的进步与发展具有重要的推动作用。高等教育机构的教师队伍在进行这些探索的过程中，也是在不断提升自己的社会服务能力，因为他们探索的成果终究要在社会实践中被考验，并用科学的研究成果来推动社会和谐发展。

2. 提升科研能力

提升“双师型”教师的科学研究能力，有利于其嵌入式学习的发生、专业素质的发展及综合水平的提升。

（1）提升应用科学研究能力

教育是教育与经济的结合，是把科技成果转化为现实生产力的纽带。教育与经济的结合而有了广阔的前景，同时这一结合也向教师提出了更高的要求。职业教育教师不是传统意义上的单纯的教师，经济建设要求他们走出课堂，参加科学创新、研究，在教学内容与方法的更新与完善中善于运用最新的科技成果，不断提高教学质量。

（2）提升职业教育科研能力

教育是一个动态、复杂的过程，既有理论教学，又包含提升学生实践能力的教学。这就要求高校的“双师型”教师在教学中善于发现问题，不断更新教学内容与创新教育方法，从而促进职业教育教学水平的提升。可以说“双师型”教师从事的教育教学活动也是一个教育教学的研究过程。

第二节　推动教师教学发展与组织建设

一、推动教师教学的发展

校企合作、产教融合根据不同国情，从理论到实践都形成了成熟的固定模式，为助推各国的经济发展起到了重要作用。

（一）“双元制”教学模式

“双元制”职业教育指的教学主体是高校和企业，是两者合作进行职业人才培养的教育模式。在这个体系下，用人单位和高校共同研究人才缺口，制订人才培养计划。学生既是学校的学生也是企业的储备人才。这种教育模式能够将学校和企业的资源优势最大化利用，将专业理论教育与实践教育相结合，培养出具备专业技术、实践工作能力的更符合企业用人要求的人才。

现代社会中，科技变化、行业发展的速度飞快，企业对人才的要求也在时刻变化，因此，社会对高校人才培养提出了更多的要求。具体而言：企业所需的人才由单一的工种转变为复合型人才，要求人才能够适应企业转型所带来的工作改变，而技术的不断发展则要求人才具备综合职业发展观念，能够适应企业对人才培养方向的变化；信息社会每天爆炸式的信息增长则要求人才具备强大的学习和实践能力，不断提升自己获取有效信息、提升综合素质的能力；不断加剧的行业竞争和岗位竞争则要求人才具备强大的抗压能力和工作适应能力。由此可见，现代社会中，对职业能力的培养是职业院校教育的新目标。

“双元制”教学模式是十分符合现代人才培养目标的新型教学模式。在基本从业能力培养的基础上，“双元制”教学模式更重视对学生综合职业能力的培养。对于现代社会的学生而言，专业技术能力和职业知识并不是提高自己竞争力的最主要的因素。提升学生竞争力和生存能力的重要因素是关键能力。这就要求学生要具备独立的项目策划、实施、控制和总结评价能力。这种关键能力的培养是通过学校的课程教学来实现的，因此，学校就必须围绕学生关键能力的培养，结合行业工作和项目实施等活动实际开展课堂教学。这样学生才能在掌握基础行业知识和能力的同时，培养自己的关键能力。“双元制”教学模式的教学思想是以职业活动为核心的。

在“双元制”教学模式中，理论课程的开设要以职业活动为中心设立阶梯式的课程结构。这一结构要让学生在掌握扎实的专业基础能力之上进行职业活动训练实践。从横向发展的角度来看，课程开展应紧密围绕职业活动，综合设置三类课程：专业理论课程、专业技能培养课程、专业计算能力培养课程。这三类课程能够为学生提供专业所需的理论知识，并且具备知识涉及面宽、深浅合适、综合性强等特点，全面培养学生在职业活动方面的分析问题、解决问题的能力。从纵向延伸的角度，“双元制”教学模式中的所有课程又分为基础培训课程、行业细化能力培训课程、特长能力培训课程三种。这三类课程之间的能力培养深度是阶梯式上升的，实现了职业活动实践能力由浅入深、由泛到精的递进式培养。

“双元制”实践课程设计要以职业活动为中心开展。大部分学生的专业技能与实践能力都需要在实践活动中获得。因此“双元制”教学模式中的实践课程更应重视贴合职业需求，获取职业经验。职业技能训练需要学生通过一线工作经验获得，也就是通过职业活动得到训练，只有这样学生才能真正掌握职业技能。而在“双元制”教学模式中，学生的职业知识与技能都要通过具体的职业活动为主的教学活动来获得。

（二）CBE 模式

1.CBE 模式的特点

（1）CBE 模式以从业能力作为教育基础、培养目标和评价标准，通过职业分析确定的综合能力作为学习科目，按照职业能力分析表所列出专项能力，由易到难安排教学。

（2）CBE 模式依据能力作为教学基础，即职业能力分析表所列的专项能力，按从易到难的顺序安排学习计划。

（3）依据学生具有的职业经验和能力作为入学标准。

（4）在教学实施中，CBE 模式强调学生自我学习、自我评价，教师在教学中是管理者和指导者，以学生为中心组织教学负责按职业能力分析所列各项能力提供学习资源，编出模块式“学习包”和“学习指南”，集中建立学习信息室。学生要对自己负责，按学习指南，根据自己的实际制订学习计划，学习完成后先进行自我评价，认为达到合格后再由教师进行考核。

（5）CBE 模式强调教学方式灵活多样和严格科学的管理课程长短不一，随时招收程度不同的学生，学生自己决定学习方式和时间。如全日制、半日制、个人、小组学习、听课或自学等，各学生的毕业时间也不一致，易做到小批量、多品种、高产教融合的水平。因学生入学水平、学习方式不同，且有相当程度的个性化，这就要求必须有一套严格科学的管理制度，才能最大限度地满足教学和发挥设备的作用。

2.CBE 模式的实施

CBE 模式实施的工作程序如下：

（1）职业分析。

（2）能力分析，从事某项职业或工作必须具备的各种能力（一般由 1~12 项综合能力构成），而每一项“综合能力”又由若干项“专业能力”构成，一个专项能力又由与职业相关的知识、态度、经验和反馈 4 个方面组成。

（3）确定准入条件。

（4）知识性任务分析，确定学习掌握专项能力的知识领域。

（5）制定课程目标。

（6）安排学习任务。

（7）成就测验，包括：诊断性评价，测试学习者入学水平；形成性评价，为学习者提供反馈；终结性评价，检验能力是否被掌握；检验培训材料、培训过程、教师和培训者是否适合。

（8）笔试测验，检测学习者对以技能为基础的重要相关构想的掌握程度。

3.CBE 模式的优点

CBE 模式更为重视对系统性学习方法的培养，这种教学模式认为教学活动是一个生产系统，应重视这一活动的投入和产出过程，并及时搜集反馈信息，进行调整。CBE 模式以学生为主体，重视学生的个体化差异，重视个性化教学，以学生为中心，为学生提供不同的教学资料、学习设备，学生能够根据自身的实际情况安排学习内容和学习计划，选择适合自己的学习方式。在这一模式下，学生的学习内容、学习时间、学习深度、学习计划都是因人而异的，因此，教师也要根据学生的具体情况提供教学服务和学习指导服务。

CBE 教学模式的学生培养目标以职业能力为主，其教学基础和教学中心思想就是让学生具备从事某一具体工作所需的所有能力。因此，该模式下的教学活动设计、教学目标制订、教学流程设计、教学结果测评都是依据职业能力而设定的。与“双元制”教学模式相同，CBE 教学模式也在重视学生职业综合能力的基础上强调学生关键能力的培养。CBE 教学模式下，教学活动的开展主场所是实训室。实训室是仿照实习车间所设置的，设备和设施都符合现代职业技术要求的实践教室。由此可见，CBE 教学模式对实践能力培养的重视程度远超对理论知识的掌握，学校会依据具体各岗位的要求确定课程内容。CBE 教学模式删减了大量关于陈旧理论的课程，增加实训课程的时间。此外，CBE 教学模式也重视校内外资源的整合，培养学生的职业综合能力必须依托于真实的实验和实践场所、完善的教学条件，再配合相应的教学手段。因此，学校必须要建立实验室、专业工厂或车间，让学生能够进行实际操作，培养工作能力。由此可见，学校要加强与社会或企业之间的合作，为学生提供实践场所和实际工作机会。①

在 CBE 教学模式中，教师的主要任务是指导学生进行实操、判断学生的实操过程是否合规、为学生提高学习效率提出意见、评估学生的学习方法是否合适。因此，教师在工作过程中要结合教学计划，以亲身示范、指导为主要方式进行教学。此外，教师也要积极进行科研活动，建立实验示范基地，积累一线指导经验，不断提升自己的实践能力。

---

① 黄艳. 产教融合的研究与实践 [M]. 北京：北京理工大学出版社，2019.

二、推动教师队伍的组织建设

（一）高校教师队伍建设理念

1.“以人为本”

高校所承担的责任众多，除教学、科研外，还承担着社会服务职能。

教师作为高校人力资源的核心力量，是发挥高校职能的主体，特别是在教育与科研方面有着难以替代的作用。因此，高校管理更应该将人放在中心地位，重视教师的地位，将满足教师的需求放在重要位置，提升教师工作的主动性和创造性，实现“以人为本”也是高校进一步发展的要求。贯彻“以人为本”的观念，最终实现“人本管理”。树立“人本管理”的思想需要在以下几方面加大努力：第一，将教师作为人力管理的中心，重视教师的位置，通过多种手段来激发教师积极性。第二，教师的职业发展关系到高校的发展，因此，管理活动要以教师为中心，推进更多的活动。第三，高校对教师应该做到尊重、理解，提升教师的自信心，给予教师更多的认同感，激发教师的潜能。通过对人员队伍实现“人本管理”，从而建立一个勤于学习的整体氛围，由教师带动学生，在良好的氛围之下打造孕育人才的摇篮，将高校的职能充分地发挥出来。

2.“能本管理”

与“人本管理”相搭配的另一个理念就是“能本管理”。这一理念就是将能力作为岗位任职的基础所进行的管理方式。将能力作为人员管理的基础，通过科学而有效的方式将人员的最大潜力发挥出来，在最大化地实现个人价值的同时，也为整体实现了巨大的进步。当下，知识就是力量，智力和技能变得更为重要，而创新能力又是在知识、技能的基础之上推动甚至改造世界的重要能力。所以，将能力放在重要的位置，对不同的能力发挥在相应的岗位上，在实践当中有着广泛的应用。

在竞争日益激烈的当下，高校之间同样也面临着巨大的竞争。这为高校提供了发展的巨大空间，也加强了高校间的竞争。可以说，高校提升自身竞争力已经变得刻不容缓。所以，高校在人员管理方面要紧跟时代发展，推行

“能本管理”的理念适用于高校教师队伍的管理和配置。高校在教师队伍的组建和配置方面，要将教师的知识、技能、创造力以及合作能力列为首位，高校的发展需要教师来推动。教师自身能力的提高能够更好地展现自我的人生价值，同时也能够推动高校发展，贡献自己的力量。对于高校来说，以教师为中心，重视人才，对每一位教师的努力给予尊重和鼓励，将能力作为衡量教师的重要标准，从而激励教师进一步提升自身，发挥更大的潜力。

高校实行教师岗位配置要做到人尽其才，通过“能本管理”，将教师的各方面能力发挥到极致，实现个人与集体双重价值，而“人本管理”则强调了教师个体的地位，有效地提升了教师的积极性，提升了高校的运转效率。“能本管理”与“以人为本”两种观念共同推行并不矛盾，而且会相互助力，产生更大的积极作用。个人的时间能力、创新能力在经济发展当中发挥着重要的作用，现代管理也由机械、命令式的管理发展为“人本管理”“能本管理”，以至于今天的“以人为本”的观念。“人本”和“能本”都不可或缺，都是高校教师队伍管理与组建必须具备的思想观念。

（二）教师队伍建设策略

1. 完善教师团队的运作模式，提高教师素质

以团队建设与管理理论加强教学团队的高效运转：在原有运作模式的基础上，运用团队建设与管理理论对教学团队进行加强与创新。比如，在团队建设中渗透团队精神与企业文化、激励理论、柔性管理理论，使团队具有文化内涵，促进团队高效地运转，在教学中发挥巨大的作用；完善教学团队“产学研”结构：通过校企合作、工学结合的方式，进一步完善教学团队专兼结合、产学研结合的结构。校企合作、工学结合是高校为适应企业、行业的用人需求而推出的新的人才培养模式，职业技术学院要通过一系列的措施来保证教学团队结构的科学化、合理化。

第一，制定教师到企业进行锻炼的制度。高校在人才培养的同时，有计划地把教师安排到企业中挂职锻炼，让教师熟悉企业生产与管理流程，提高他们的专业实践能力，积累企业实践经验，把握行业最新的发展动态，全面

提高教师的实践素质。比如，学院的建筑设计专业的骨干教师与学科带头人应该每年有 2～3 个月的时间深入建筑工地现场进行锻炼，了解建筑设计行业发展的方向，并把这种方式形成制度。建筑设计专业的学生在进行“工学”结合的同时，教师也提高了自己的教学水平和实践能力。这种教学也在一些职业学院进行了推广，取得了较好的效果。第二，对团队内的骨干教师进行“双师”素质的培训。为了提高院校的师资整体水平，我国在院校已经设立了很多骨干教师培训基地。对于参与培训的教师来说，通过在基地理论与实践相结合的学习，获得了素质与能力提升。第三，引入高技能人才。职业技术学院通过提高外聘教师的待遇、营造良好的教学环境等措施吸引了一批高素质技术人才参与到教学团队当中。未来还要继续优化技能人才聘用模式，把行业中高水平、高技能的人才引入教师团队中来，这些人有较扎实的专业技术能力，又有丰富的实践经验，他们成为教学团队中的一员后，可以进一步提高教学团队的实践水平。第四，与企业实行共享，聘请企业、行业专家参与到教学团队当中，实现“产学研”的结合。企业专家、科研机构的人员对行业非常了解，对新工艺、实践程序有较强的实践经验，因此，院校可以通过建立校企“互通、互融、共建、共管”的长效机制，聘用一批来自企业的技术专家到学院充实到团队当中，逐步实现专业技能核心课程为主的授课机制。兼职教师的数量与专业教师的数量比例应该达到 1:1，通过学校、企业和科研机构的合作与交流，形成三者紧密合作的关系，促进多方的共赢，打造一支稳定的教师队伍。

2. 培养专业带头人，提高教师团队建设的质量

高水平的团队必须要有领军人物，教学团队要培养自己的学科带头人，在这些学科带头人的带领下，使教学团队的质量不断得到提高。教师不但要有较强的专业素质和企业实践经验，还要有一定的科研能力和管理能力。学校要选拔一批理论知识扎实、科研能力强、教学经验丰富的骨干教师进行重点培养，通过到企业培训、锻炼，掌握最新的行业技术与工艺，并在教学与实践中不断积累各方面的经验，使其成为一名合格的专业带头人。同时，学校方面一定要营造一个良好的成长环境，加强校企合作、工学结合、工教结

合，完善“产学研”结合的培养模式，让更多的骨干教师到企业进行实践锻炼，提高教师素质。

3. 完善教师团队管理制度

完善教学团队中的教师评聘制度。教学团队的评聘要有一定的制度作为保证，这样才会使团队建设更加的规范化。

第一，要完善教师的准入制度。为了能够打造高素质的教师团队，引入高素质的人才是必不可少的措施。由此，应该探索符合院校教育特点的教师准入制度，完善院校教师的准入制度。比如，引进人才除考察学历、职称的要求外，还要增加企业工作经历或教育教学经历等，并通过实践考核环节，全方位地考核人才，确定是否符合教学团队的要求。

因此，院校需要一套严格的人才引入方案，除了要热爱教育、学历合格之外，还要有行业、企业一线的工作经验。在人才引入之后，还要提高高技能人才的待遇，与专业教师一样，享受生活、科研上的补贴，使他们能够安心工作。

第二，进一步完善骨干教师的选拔与培养制度。骨干教师是教学团队的中坚力量，是教学团队的核心。骨干教师的素质与水平反映出一个团队的素质与水平，因此，应该完善骨干教师的选拔制度，让更多的年轻、有较强实践经验的人才进入到骨干教师队伍当中来。

在教师的培养方面，要选拔一批有潜力的教师到国内外一流院校进行进修与学习、访学、学术交流等，开阔他们的视野，通过加强与考核青年教师的教学改革和科研工作，提高他们的综合素质，还可以通过老教师带新教师的方法，提高新教师的业务能力、专业水平和综合素质，促进团队的综合能力的提高。

完善教学团队的激励机制。激励机制在教学团队的建设中具有重要作用，要通过创造良好的生活条件和工作环境来提高“双师”素质教师的经济待遇与地位，想方设法留住人才。

首先，完善分配机制。实行“按岗定薪、以绩定酬、优绩优酬”的人才方案，打破传统的按资格取酬的方式，使有能力、高水平的人才能够获得与之劳动相符的薪酬。同时，要把教师与普通教师区分开来，和岗位、工作量、贡献度挂钩，实行更为科学合理的薪酬方案。通过实行竞聘上岗使教师能够竞聘到自己合适的岗位，发挥自己的才能，要对政策进行调整，真正做到“按劳分配”“按贡献分配”。

其次，院校的其他政策也要向教师倾斜。院校一定要摒弃平均主义思想，在经费、福利、政策方面都要向教师倾斜，让优秀的人才脱颖而出，做到一流人才、一流业绩、一流待遇。从分配制度上激发“双师”素质教师的积极性。比如，增加教师的科研机会，鼓励教师积极参与科研活动，提高科研能力。对于教师，其科研分值要高于非教师，提高他们参与科研活动的动力，最终提高团队整体的科研水平。

完善教学团队的考核评价制度。在教学团队的建设中，要完善素质教师的绩效考核办法，完善和调整不同类别、不同层次教师的考核指标、权重，力求更为客观、科学地反映教师的工作业绩，将考核不合格的人员淘汰出团队。

第一，制定合理的教学团队建设绩效考核指标权重。目前，多数院校都采取多项指标综合考评的方式，对教师的业绩进行衡量，比如，工作态度、专业调研、学生工作、科研工作、学习进修、技术服务、企业贡献等，根据各项的重要程度赋予一定的权重。随着社会的发展和职业教育方向的变化，这些权重应该动态化，进行不断地调整，使其更为客观公平地反映职业院校教师团队建设的需求。比如，在当前情况下，培训、实践等工作就要赋予更高的权重，以此来带动教师不断提高的积极性。

第二，设计合理的教学团队建设的薪酬分配。在多数高校中，教师的薪酬一般分为固定工资、课节费、岗位津贴等。固定工资是国家按着教师职称、教龄等进行发放的项目；课时费是根据教师上课的数量、职称进行计算；岗位津贴则根据教师的岗位性质来进行发放。岗位津贴是院校有权进行调整的一项，也是能够体现院校分配思想的一项。

第三，提倡多元化的教学评价。除了通过多种考核方案对教师的业绩进行考核之外，更要重视教师素质在考核中的重要地位，以培养学生的质量来衡量教师素质，具有很强的科学性。学院可以通过学生评价、教师自评、互评等一系列的考评方式，并对这些方式进行细化，合理分配各指标的权重，更全面地评价教师的教学能力和教学效果。

4. 促进教师团队的战斗力和凝聚力

教学团队日常所承担的各类教学、科研任务，必须依靠团队的力量才能完成，所以团队的成员必须团结合作，充分发挥个人的特长，取长补短，相互合作。因此，促进教学团队的战斗力和凝聚力，打造高效的教学团队非常重要。而高校团队的形成是一个长期的过程，包括学校的校风、学校的学风、教师的价值观、学校规章制度等多个方面的密切配合。

为了进一步促进教学团队的整体发展，高校应该根据自己的特色、特点与优势，从精神方面、文化方面、制度方面进行全面的提高，并借鉴企业品牌建设的相关经验，学习和借鉴先进的人才培养模式、先进的实训基地，建立自己的团队品牌。首先，应该为每位团队成员设置远景规划，让教师意识到团队建设是为自己的未来着想，学院为其创造了良好的条件，本人应该主动地融入团队，增加对团队的认同感。其次，增设成员之间面对面沟通的机会，比如，召开一些研讨会、教研会等，让每个人都有发表意见的机会。再次，让团队每个成员都要明白，自己是团队中不可缺少的一部分，大家只有共同努力才能使团队建设取得更大的成绩。最后，团队之间的合作也是非常必要的，应该加强团队之间的交流与沟通，这样可以吸收和借鉴别的团队的先进经验，从而促进团队的更好发展。

第三节　提升教师教学能力与课程建设

一、提升教师教学能力

（一）高校教师教学能力提升的发展机遇

我国高校要实现发展，就必须对教师的教学能力予以重视，同时提升教师教学能力已经成为保障我国高等教育的一种制度性要求。所以，我国不论是社会还是高校层面，对培养教师教学能力都逐步加大投入。除了经济、政策的支持外，信息技术所提供的技术支持也至关重要。高校作为人才的产出地和聚集地，加强自身管理，建立规范科学的师资管理制度成为必然的要求。调动教师的积极性、提升教师的使命感、提升教师的教学能力是高等教育必须解决的重要课题。有效提升高校教师教学能力成了社会共识，是高等教育实现发展的必经之路，是加强我国人才质量，提升高等教育水准的重要手段之一。

1. 社会提供机遇

人才是国力提升、社会发展的重要动力，具有日益重要的作用。人才竞争变得愈加激烈，高等教育承担着培养符合我国社会建设需求的接班人的使命，任务艰巨，提升高校教师教学能力已经成为社会发展的必然要求。

（1）高等教育占据重要地位

科技发展推进了高等教育的到来。目前，我国大力推进生物技术、新能源技术和信息技术等高新技术的快速发展，通过高新技术的发展推动了人类社会的进步。人类已经进入了以知识资源为主的时代，以知识作为核心表示人才资源成为重要的竞争资源。

在当前这个时代，国家的核心竞争力是指国家应对竞争的能力，这是一种国家能力的集合，其中包括了经济、科技和军事等多方面实力。高等教育的地位越来越高，甚至已经影响到国家核心竞争力的提升。高等教育是培养高层次人才的领域，人才资源是国家核心竞争力的重要组成部分。纵观世界发展的历史，每一次生产技术的变革都将引发人类社会的变革，而生产技术的提升得益于科学技术的支持。总结历史经验可以发现，一个国家想要国际竞争当中占据优势、掌握先机，必须将高等教育发展放在重要地位，甚至是放在优先发展的战略地位。

人类社会将比以往更加需要知识的力量，通过知识来提升社会的生产能力以及人民的实践能力。知识将成为当代人类社会发展的催化剂，社会生产难以离开知识的支持，知识成了科技、社会进步的核心动力。在此基础上，推动高等教育发展、建设高校教育已经成为当今时代国家发展不可或缺的手段。

重视高等教育的发展，一方面可以直接提升我国科学技术的发展，推动国家经济、科技等方面的进步；另一方面，重视知识的发展将有利于教育公平的实现，以往属于精英资源的高等教育资源面向更多的人民群众，这样整个国家的公民素质将会极大地提升，人才资源将大大增加。在这种历史条件下，高等教育事业势必要大力推进发展，建设高等教育并进入社会中心。

西方学术界对于大学与社会的关系曾经进行过研究，并产生了两种具有代表性的观点。

第一种观点是边缘说。这种观点认为大学位于社会的边缘，不应与社会的具体事务产生过多的联系，大学要为学术与培养人才而生。也就是说，这种观点将大学看作是社会的象牙塔。

第二种观点是附属说。持有这种观点的学者认为，大学是社会大系统当中的一部分，所以应该积极地服务于社会，发挥高校自身的优势，为社会生产等方面作出贡献，从而推动社会的进步。这两个观点展现了大学与社会之间的发展过程，表明了社会与大学之间复杂的关系。

高等教育地位不断提高，人类获取信息知识能力不断提升，获取的总量也呈几何级数增加，信息获取来源和方式空前扩大。美国经济学家保罗·罗默提出了影响经济增加的四种要素，其理论核心就是将知识作为影响经济增长的重要因素。

知识、信息和技术已经成为人类社会经济活动中的决定性因素。知识竞争成为竞争的基础，关于知识的竞争将会无处不在，无论是个人还是组织都可能面临这种挑战。

（2）高等教育国际竞争日益剧烈

科技水平的飞速发展促使人们传统生活方式、观念都在发生着巨大的变化，中国自然也进入到这股巨大的社会变革之中。20 世纪 80 年代，党中央就已经将发展高等教育放在战略地位。当时邓小平同志已经对高等教育的发展提出要求，这为我国高等教育的发展奠定了重要的基础。如今看来，高等教育不仅仅是社会发展的重要动力，更是影响中华民族伟大复兴的民族前进推进器。伯顿•克拉克认为知识将成为人类社会演变的基础，而大学将成为人类社会的动力站。赫斯伯格将大学看作是推动人类历史发展的机构。可以说，从宏观的角度来看，高校已经不仅是传播知识的机构，更是培养知识型劳动力的机构，而知识型劳动力将是推进人类社会全面发展的中坚群体。

我们处于激烈的国际竞争当中，高等教育的发展必然加入国际当中。这就说明，我国高等教育不仅要进行自我内部革新，还要面对国际外部竞争，但是从另一种角度看，内部与外部的竞争将会促进我国高等教育更好的发展。国际竞争使我国高等教育面临巨大的挑战，却也是发展的契机，需要我国大学在发展的道路上把握机遇、保持清醒。

高校竞争的核心就是人才。全球范围内人才资源的竞争都极为激烈，在全球性的经济结构调整当中，各国高校技术都在飞速发展，社会对人才的需求愈来愈大，同时对人才质量的要求也越来越高。世界多个国家纷纷将高等教育的发展定为国策，为高等教育的发展提供大量资源，采取多种教育改革方式，希望本国高等教育能够跻身世界前列。从世界范围内来看，人才资源成为社会重要资源，并吸引着各国投入大量资源与精力进行开发。

在国家内部培养人才资源的同时，很多国家还将吸引人才的触手伸向国际，大力提升引进人才的力量。在我国社会高速发展的今天，高等教育必然要成为引领我国社会发展的中心，在激烈的教育竞争当中，我国要获得有利地位，必须要在人才竞争当中杀出重围，培养更多人才反作用教育水平的提升。但是，我们也应该清楚地认识到，我国高等教育面临的挑战十分严峻，而发展高等教育的核心是确保高等院校教师队伍具有高水平。提升高校教师能力，提升高校教师主动性、创新性，成为高校教育实现发展的必经之路。

高校之间的竞争，国家之间的竞争，将成为国际竞争当中不变的主题。可以说，各国高等教育的竞争将直接关系到科技、知识甚至综合国力的直接竞争。在全球化背景下，各国高校纷纷扩大影响力，吸引外国留学生的同时，还在努力争取优秀留学生能够留在本国，不仅带来了经济效益，更是丰富了国家人才储量。

高校之间的竞争主要体现在以下两个方面：

第一，生源与资源支持的竞争。获得大量生源与社会资源的支持，将为高校带来最直接的经济力量，同时高校声誉也将提升，进而形成良性循环获得更多的生源与社会资源支持。

第二，高校自身教育质量与文化特色的竞争。教育质量与文化特色，不是单靠资源投入就能够建立。对于高校来说，教育质量与文化特色的竞争才是更为激烈的竞争。达到一定水准的高校不会为资源与生源担忧，但是教育能力与自身的文化特色将成为更高层次的竞争，这方面的竞争将直接决定高校水准的上限。即使是哈佛、牛津等世界知名高校也面临着巨大的竞争压力，也需要不断提升自身的实力。我国高校应不断进行反思，并采取积极措施面对压力，迎接挑战。

2. 我国高等教育发展的需求

在全球化趋势之下，高校的竞争不仅是国内竞争，还将涉及与国际名校之间的竞争，这就要求我国高校的目光要由曾经的国内视野放眼到全球视野。国际高等教育竞争必然激烈，如何从中寻找到适合我国高校发展和改革的道路至关重要。树立新的观念，推行切实可行的改革方案，将我国真正变成教育大国，甚至是教育强国。

（1）传承与创新

高校必须承担更为沉重的历史责任，除传授知识、进行科研工作之外，高校还要更加注重学生的个性化、创造能力的培养，这就对教师的能力提出了新挑战。其中，知识传承是知识创新的基础并为知识创新提供了阶梯，而知识创新又丰富了知识传承，在知识传承中学生的综合素养会得到全面的提升。从宏观角度来看，随着时间的推移，知识领域的大师在离世前，如果没有将其发现的理论与技术传承，就可能会出现技术断代的风险，阻碍后世社会的发展。如果没有创新，文化传承就失去了意义，知识传承看似是培养人才、继承知识，但是从根本来看还是在为新知识的产生打下基础。

其中，高校教师不但是知识的传承者，也是知识的创新者。高校教师自身必须拥有高层次的教育背景和深厚的文化积淀。但是，当下，仅仅这样是不够的，高校教师的创新能力也是教师能力的重要组成部分。高校教师承担着知识传承和知识创新的任务，知识传承任务体现在两个方面：一是教师对自己所掌握的知识要进一步提炼，加深对知识的进一步认识；二是将知识传输给学生，这就是高校教师的教学任务。高校教师知识创新任务也体现在两个方面：一是在掌握知识的前提下，在学术领域进行下一步的探索，开辟新领域发现新知识；二是培养学生的过程当中，不仅要传输已有的知识，还要培养学生的创新能力。可以说，高校教师是高等教育发展的重要一环。

（2）高校管理提升为教师教学能力提升提供了条件

高校管理的目的是提升高校的教育质量。要打造高水平的高校教育质量，就必须要从高校教师层面入手。高校教师队伍建立的基础是教师的能力，注重教师能力的同时还要激发教师发挥更大的能力，这就需要建立教师激励机制。建立教师激励机制，对教师队伍采取科学、合理的管理方式，成为当前我国高校管理工作发展的共识。我国高等教育要实现重大发展，必然需要高校管理能力发展，建立高校教师管理体系，在高校用人制度方面进行重大的改革与创新。高等教育关系到民族的发展，有了好的教师才能有好的高等教育，我国高等教育才能在国际高等教育竞争当中立于不败之地。所以，教师的地位与待遇得到提升，教师权益获得保护才能更好地激发教师的能力，从而实现高等教育的发展。

我国高校在教师管理方面要建立以人为本、知人善用的管理理念，对自身的人才资源结构进行优化。建立科学、重视教师价值的管理体系，用待遇、环境、感情吸引人才、留住人才。这样的高校管理平台才能满足高校教师物质和精神双重层次的需求。高校管理正在向民主管理转变，高校管理层倾听教师关于高校建设的意见，会有利于建设透明、公平的高校环境。高校必须弘扬创新精神，充分地调动高校教师的积极性，为高校教师学术创新提供环境土壤。

（3）提升教师教学能力是高校核心竞争力的需求

高校要想在激烈的竞争当中占据有利地位，必须提升核心竞争力。高校的核心竞争力简单来说，就是高校所拥有的教育资源、教学技术实力、学术创新能力以及社会服务能力。高校通过有效的管理与组织方式，在整体架构以及办学文化等方面进行改革与创新。通过对某个或某几个要素的突破，来使高校在激烈的竞争当中获得优势。这就要求高校必须建立长期战略规划，对未来的发展设立目标，从而促进高校自身发展。高校人才的培养已经获得高校的重视，部分高校已经将人才资源的建设提高到战略规划地位，这表明高校教师教学能力发展已经迎来良好的发展环境。高校通过改善师资管理，提升教师薪资结构，为高校核心竞争力的建设提供保障。

核心竞争力是高校在教育竞争当中获得优势的根基，建立核心竞争力必须要对高等教育进行改革创新。高等教育的改革包括建立和管理师资队伍，深入科研工作，积极投身社会服务工作等，对资源分配进行优化，实现我国高等教育的创新。当前，高校内部管理正处于改革转变时期，管理将走向科学化，教学也更为创新，学术科研要求走在前沿，实现高校的科研前沿化，另外社会服务将要更为深入，实现社会服务深入化的目标。经济、信息都将对我国高校发展带来冲击。这种环境下，高校教师教学能力的提升虽然面临巨大挑战，可也是巨大的机遇。高校自身谋求发展的道路上必须要认真探寻社会发展态势，根据自身特点对自身进行改进和创新，最终建立高校核心竞争力。从高等教育大环境来看，我国高等教育面临着巨大挑战，正是因为这种严峻的形势，我国高等教育才要推进改革的脚步，提升教师教学能力成为高等教育核心竞争力的重要组成部分。

3. 教师发展的必然需求

（1）教师自身的职业需求

高校教师是高校精神文化的缔造者，高校教师的能力水准直接决定了高校的上限，是高校核心竞争力的重要组成部分。社会对高校教师给予了较高的期望，特别是当下的高校教师不仅要承担知识传授者的身份，还要担任学术、课程研究者的身份。可以说，高校教师在当今的时代下，如果不能做到终身学习、紧跟时代的话，是难以满足当前高校教育需要的。当前，高校教学形式和观念不同于传统教学，高校教师在教学过程中给学生传授知识的同时，还需要带领学生探索知识的海洋，培养学生的创新能力。高校教师整个职业生涯当中，必须始终保持自我更新。教师的自我更新意识已经成为当前高校教师必备的素养之一。知识爆炸、信息爆炸都督促着人们要不断学习、不断更新知识体系。任何教师都难以再局限于自己已学的知识当中，自主发展、终身学习成为当今时代的主流，也是对高校教师的必然要求。

（2）社会发展的需求

当今，高校所拥有的知识资源在社会与国际竞争当中有着越来越突出的作用。同样，高校拥有的学术资源、人才资源也成为社会所关注的焦点。人才资源作为高校的核心资源，想要获得提升，归根结底还是需要通过高校教师能力的提升来实现。不过，当前我国高校教师的生存环境以及工作要求都在发生变化，教师所面临的挑战日益剧烈。需要教师具有一定程度的计算机操作能力，信息技术的发展改变了教学形式，高校教学形式和内容变得愈加丰富，为高校教师在教学方面提供了更多思路。网络连通了世界各地，如何竞争、如何调整自身以及如何适应时代成为每一个人都要处理的难题。在时代所带来的压力之下，高校教师必须要提升自身教学能力，让自己能够适应时代要求。

（二）高校教师教学能力提升的对策

1. 国家层面

（1）政策支持，加大投入

当前，我国越加重视高等教育的发展，相关的支持政策不断助力高等教育的发展。从未来看，国家应该继续完善对高校培养教师、推进教师发展的相关政策，增加高校更多的自主权。高校自主权的提升，可以增加更多适合教师的项目活动。同时，高校教师的地位应该有所提高，增强高校教师的自信心，在教学与科研方面勇于探索，提升教师更大的自主性。支持教师参与信息化教学的相关培训活动，帮助教师适应地发展，在教学内容与形式当中融入更多新科技，提升更多的教学效果。

在给予高校较高自主权后，国家对地区高等教育水平的发展应该实施监测，在地区建立符合地区实际教育水平发展的考核指标，帮助地区高校实现前进的目的。对取得优异成绩、在教学信息化建设方面有突破和贡献的教师要予以嘉奖，激励教师深入挖掘自身潜力。推进地方教育信息化的建设，大力推进政策的开展，让政策深入到高校教学的方方面面，以此来鼓励高校重视教师在教学能力方面的提升。由于各个地区情况不同，所以各地政府在制定政策时应充分地考虑本地情况，最终建立具有区域性特点的高校教育。

（2）加快资源及平台建设

当前，在大数据技术的支持下，我国应推进高校与高校之间、高校与企业之间的深入合作，交换优质资源，对师资能力进行优化，建立合理、稳定的教师交流平台，突出教育资源的重要性以及实用性。同时，应该充分地顾及教师的想法，建立数字化图书部、建立各学科网站等，满足高校教师教学、科研需求。充分地发挥我国政府的优势，在高校整合资源方面牵线搭桥，减少中间环节，用最少的消耗建立规范、畅通的高校资源交流平台，为高校教师提供丰富的教学资源，推进我国高校教育的发展。

（3）转变思路

我国高校建设还有较长的道路要走，特别是高校信息化建设以及师资建设等多个方面，都需要进一步加强。当前，高校内部各部门在职责关系、组织关系方面还较为复杂，权力相互制约，最终影响了教学与科研能力的提升。高校内不同的机构组织必须要职责分明，为高校教学工作和科研工作做好准备。从政府角度来看，政府分管高校教育的相关部门首先应该转变观念，要让高校掌握更多的自主权，同时对高校内部的组织结构发展进行引导，帮助高校建立合理、规范的管理模式。政府在高校教育引导方面应该担任战略规划性角色，整合可利用资源。高校管理观念的转变从政府由上而下地展开，打破传统的教育和管理惯性思维。从实际出发，政府完成转变让高校获得更多自主管理权力，同时高校也会自发积极地进行管理观念的转变。从企业的角度看，积极增加与高校的合作，建立校企合作的人才培养体系，实现人才培养从学校到企业的无缝衔接。

2. 高校层面

（1）设立专门教师发展机构

当下，高校教师教学必然要充分利用信息技术。在大数据技术支持下，教师发展中心开展活动可以更为便利，将工作坊、小组讨论等方式放在线上进行，可以大大地提高教师开展活动的频率。当然，要实现这些项目活动的前提是应该建立独立的教师发展机构。

首先，需要高校管理层转变管理思路和观念，对教师的教学行为进行引导，建立教师发展机构需要从教师的实际需求出发。教师发展机构不是管理教师，而是为教师提供服务，帮助教师获得教学能力的提升。教师发展机构一方面要提升对教师的关注，充分地了解教师的发展需求，邀请优秀教师或专家为教师提供个性化帮助。另一方面教学发展机构必须建立教师发展档案，对教师的教学情况进行记录和跟踪调查，帮助教师优化教学方法和策略。

其次，高校要对资源进行整合，为提升教师教学能力和建立优秀师资队伍做好准备。高校教师发展机构必须明确自身定位，高校也要对教师发展中心予以足够的支持。高校对校内资源进行整合，推进高校教师发展机构获得进一步提升，加强对高校教育与学术的研究深度，积极开展教师教学评价活动，为教师交流提供平台。高校教师教学能力提升除了需要外界帮助外，还需要教师自身不断进行反思。教师发展机构要设立引导教师审视自身的介入模式，帮助教师发现自身存在的教学问题做到有的放矢。

最后，高校教师教学能力提升应该建立灵活、长期、有效的培养机制。高校教师发展机构组织活动必须要丰富内容和形式。教学能力提升不是一朝一夕就能完成的，必须长期、持久地进行。开展高校培训活动时，教师发展机构应该注意职前培训与在职培训的区别，对不同的情况提供不同的内容。职前培训更侧重理论培训，而在职培训更为重视教学实践。还应该考虑到教师的时间安排，创新教学模式和内容同时兼顾到教师个体的特殊情况，建立有针对性的高校教师培养模式。教师发展机构对教师培训时注意线下模式与线上模式的结合，线下培训所获得的学习效果会更好，但是线上培训更为方便，两者实现平衡会取得更大的培训成果。

（2）建立评价体系

建立科学完善的高校教师教学质量评价体系，可以更为客观地呈现高校教师教学质量和能力，从而帮助教师提升自己的教学能力。建立相应的教学质量评价制度是建立教师激励制度的基础，建立全面的教师教学质量管理制度是确保提升高校教学质量的基本措施。

首先，高校必须建立完善的教师评价体系。高校教师评价体系可以建立全面的评议方式，通过教师互评的方式达到客观评价的效果。为了让评价更为公正，还可以选派学生代表和其他高校教师加入评价当中，以建立科学合理的教学评价体系。在高校教师教学质量评价指标制定过程当中，高校要考虑到教学活动中众多复杂的因素，还要考虑到不同专业、不同学科等因素，这些都会对评价结果产生影响。所以，在教师教学评价方面，制定客观可行的量化指标十分重要。评价过程中高校要充分调动教师参与评价的积极性，评价不但要有教师、学生的评价，教师自己也应该进行自我评价，来确保评价结果的客观、公平。

其次，高校要紧跟时代发展，注意政策导向。高校开展各种教学发展、教学竞赛等活动时，如果能够紧跟政策将会为教师提供更多的资金和政策支持，可以更好地调动教师参与的积极性。高校教师发展中心要重视教师自我审视的作用，增强教学发展项目的创新性，加强教师自我审视的效果。

最后，高校应该建立长期、灵活的教师培养机制。教师教学能力培训是提升教师教学能力最直接的方式之一，这就要求高校教师教学发展中心建立丰富多样的培训模式，进行持续有效的教学活动。不论是职前培训还是在职培训，要实现有机结合，抓住培训重点，根据不同教师群体设定符合该群体的培训方式。当下，高校利用技术优势更有利于建立良好的激励环境，在国家政策的支持下提升高校平台水准，为教师教学评价体系建立提供技术支持。高校对资源设备合理规划，优化高校内部资源，对教学进行科学化管理，满足高校教师教学能力提升的需求。营造良好的高校教师学习氛围，给教师提供丰富的学习机会，实现提升教师教学能力的目标。

（3）产教融合，教学创新

当前社会，知识更新速度加快，高校教师面临着巨大的知识更新压力，必须始终站在学术发展领域的前沿。高校教学活动属于学术活动，作为高校教师在教学方面的能力也应以学术标准来要求。产教融合将教学和实践实现有机融合，充分利用企业实践的优势，将社会的力量应用在人才培养当中，提升高校教学的效果。

实现创新，加强产教融合，首先，需要加强教学与实践的互动机制，丰富教师的教学活动。这样可以直接提升教师的学术实践能力，同时也可以促进教师教学能力的提高。高校通过引导的方式实现实践与教学的结合，将资源引入到一线教学当中，为师生进行学术探究提供保障，不断进行总结，积极开展和参与网上学术论坛。其次，高校加强信息技术与课程研究的融合，对高校教学模式进行优化创新，鼓励教师建立先进的教学观念，运用多种教学方式。教师在课堂中创新教学方式，获得更多教学反思，深层次地运用信息技术在教学当中的优势，可以有效地调动学生积极性。为教学发展提供了巨大的优势，有利于建立新型高校教学模式。最后，高校应该加强精品课程的建设，并利用技术优势，推行线上课堂。高校要把握时代优势，利用政策引导响应国家建设网络开发课程的号召，利用信息技术开设精品线上课程。通过在线精品课程的开设，高校学生可以深入学习，提升教学效果，而教师则可以相互学习，揣摩课程利于交流。在高校课程当中大力推进大数据技术的应用，将会使高校教学产生翻天覆地的变化。

3. 教师层面

高校培养高层次人才是高校的根本任务，也是高校社会价值的重要体现。无论是高校的人才培养、社会服务、文化传承，还是国际交流，教学工作都应该放在首位。首先，高校教师应该牢记教师的使命。对教师提出更高的要求，一方面，教师要树立身为教师的责任感和使命感，课堂教学中倾听学生的声音，提升自身的思想高度，加强教学能力的提升，成为一名合格的高校学生成长的引导者；另一方面，高校教师应提升自身的道德素养，深入学习中国特色社会主义核心价值观，树立终身学习的理念，发扬为中国高等教育发展发挥作用、作出贡献的精神。其次，高校教师应正视自己，对自身有正确的定位，转变自己的观念。在数据时代下，高校教师必须树立信息化教学的观念，认识到进一步发展的必然趋势。面对新时代应该摆正心态，积极学习新技术、新理念，转变传统思维，融入浪潮当中。最后，高校教师要努力提升自身的教学能力。教师在日常教学当中注重积累，做好教学反思工作，积极参加教学相关培训。特别是当下，无论是国家还是高校都在积极鼓励教师提升教学能力，高校教师更应该把握机会，养成良好的教学习惯，快速成长为适应时代发展的高校教师。

二、推进产教融合下的课程建设

（一）以国际贸易专业为例探究 CDIO 进阶式课堂

1. 基于 CDIO 的进阶式课堂教学模式内涵及特点

（1）基于 CDIO 的进阶式课堂教学模式的内涵

基于 CDIO 的进阶式课堂教学方法是一种组合式教学方法，在国际经贸人才培养过程中的具体运用是指在课堂教学过程中，借鉴 CDIO 理念，综合运用案例式、项目式、拓展式、创新式、科研式、信息式、互动式、探究式等多种教学方法，设计国际贸易专业课程的教学环节；通过构思、设计、实施、运行流程，形成：设计案例引人、要点引导、基于实际、案例深化、实践强化、多方评价等逻辑性强、易于操作的课堂教学环节；多方面培养学生的学习能力、专业基础能力、专业技术能力、专业操作能力、专业分析能力，分阶段进阶式提升学生在知识、能力及情感等方面的综合素质水平；提高学生自身的岗位适应及创造能力，从而使学生发展成为适应现代对外贸易及社会经济管理工作挑战所需要的具备成熟的性格，综合的知识猎取能力及柔性创新力的高级应用开发型国际经贸人才。

（2）基于 CDIO 的进阶式课堂教学模式的特点

我国的课堂教学改革大致经历了三个阶段：第一阶段经历了由“还时间予学生”向“还思维过程予学生”的初步探索，突出了学生的主体地位，注重了学生能力的形成与发展，促进了教学成绩的全面提升。第二阶段经历了由“统一的规范化教学模式”向“多元化的综合型教学模式”的进一步的转变。第三阶段是探讨“如何在课堂教学中实现综合素质的培养”这一焦点话题和难点课题，使学生的科学素质、人文素质和审美素质综合发展。进阶式教学方法正是研究如何基于 CDIO 理念在课堂教学中实现知识、能力及情感三维目标的综合实施、进阶式提升，使学生的科学素质、人文素质和审美素质综合发展，其特点体现在以下几个方面：

①强化案例教学。在国际经贸人才培养过程中，特别是在讲授国际经贸专业实务课程过程中，要始终以案例贯穿教学，并且通过长期积累，逐渐形成适合相应课程的案例教学体系。具体在教学内容上，每个章节都根据讲课进度安排案例，而对于案例也采用进阶式方法展开，即通过开篇导入案例来展开要讲授的内容，一方面可以让学生对所讲授的内容的基本应用点有所理解，另一方面也使学生带着问题去学习，目的性与主动性都有所提高。随着课程内容的深入与展开，也安排恰当的案例来深化教学内容或应用相应的案例对课堂教学内容进行总结。对于每一个案例，基本上遵循了解、分析、小组讨论、自由发言、教师总结等环节逐级深入，层层递进，从而使学生对国际经贸的相关理论理解直观化及相关操作明确化，进而达到灵活运用的程度，不断提高学习效果。此外，在授课过程中教师要有意识地指导学生有选择地阅读或观看一些案例，这些案例主要是基于学校所在省市的实际情况，使学生在了解这些案例后不但对授课内容有更好的掌握，而且学生感受到书本知识与实践的距离并不遥远。

②运用项目式教学。在实施项目式教学过程中，学生自由组成项目小组，由小组成员推举组长，然后在组长的带领下搜集并甄别与国际经贸专业实务

课程相关的中外文内容进行分析，具体分析的形式不限。接下来，项目组的组长对所选的分析内容进行分解，将任务派给小组成员，由每位成员完成相应的任务。然后，由小组成员共同制作幻灯片到课堂上进行演示。当一组成员在演示时，其他同学进行提问，由上台演示的学生进行回答，根据提问的数量与质量及回答问题的数量及质量对项目组进行考核，即选出提出问题最多的小组及回答问题最多的小组为最优，同时选择表现最佳的学生。由于学生自始至终都与小组同学紧密协作，所以在掌握专业知识的同时增强了学生的团队合作意识。此外，有些学生选择外文材料进行分析，从而锻炼了运用英语分析问题的能力。

③拓宽双语教学。对于国际经济与贸易专业的学生来说，英语运用能力是一项基本的能力。该项能力的培养需要日积月累，多门课程相互衔接形成合力才能实现。然而，根据课程的性质与特点，并不是所有课程都适合双语教学。所以在讲授专业课程时可以采用一些灵活的方法拓展双语教学，如采用一种半双语式的教学方式，即教授学生主要专业词汇的英文译法与用法并通过英文案例加深学生对这些词汇的理解，指导学生有意识地积累专业词汇，随着课堂教学进度逐渐深入，学生的专业词汇量同步提高。此外，对于实际业务中经常使用的以英文形式表述的各种单据则直接用英语讲解，从而缩短实际业务与课堂教学的距离。

2. 基于 CDIO 的进阶式课堂教学模式人才培养能力指标体系研究

通过文献法、调研法及专家访谈法等多种方法建立能力指标体系。首先，设计能力指标体系调查问卷，运用经济学与管理学软件对有效问卷进行定性及定量分析，进行能力指标的采集、分析与整理，获得准确的能力需求反馈信息，在此基础上建立初步的能力指标体系。接着，向有关教育专家进行咨询或组织专家小组对初步的能力指标体系进行讨论。其次，组织在校大学生对有关能力指标进行辩论，充分听取学生意见，再回访调研单位，并就能力指标体系进行再调研，多方听取意见，确定能力指标体系。最后，经校内外专家研讨确定，外经贸业专业管理人员职业能力结构体系包括了通用能力和专业能力两大部分，如表 4–3–1 所示。

表 4-3-1　国际贸易实务课程职业能力体系表

<table>
<tr><th colspan="2">能力分类</th><th>成果目标能力</th></tr>
<tr><td rowspan="7">通用能力</td><td rowspan="5">基础能力</td><td>自律、自我管理能力</td></tr>
<tr><td>语言表达与非语言表达能力</td></tr>
<tr><td>团结协作能力</td></tr>
<tr><td>计算操作能力</td></tr>
<tr><td>自我保护与健身能力</td></tr>
<tr><td rowspan="2">学习能力</td><td>接受、运用信息能力</td></tr>
<tr><td>发展创新能力</td></tr>
<tr><td rowspan="13">专业能力</td><td rowspan="6">专业基础能力</td><td>市场调查研究能力</td></tr>
<tr><td>国际市场拓展能力</td></tr>
<tr><td>国际贸易经营与管理能力</td></tr>
<tr><td>国际贸易业务组织能力</td></tr>
<tr><td>贯彻国际贸易法律法规能力</td></tr>
<tr><td>国际市场资料管理能力</td></tr>
<tr><td rowspan="6">专业技术能力</td><td>国际商务谈判能力</td></tr>
<tr><td>国际贸易预决算编制能力</td></tr>
<tr><td>外贸单证制作能力</td></tr>
<tr><td>报关基本业务能力</td></tr>
<tr><td>国际贸易业务实施能力</td></tr>
<tr><td>简单国际商务活动策划能力</td></tr>
<tr><td>专项操作能力</td><td>主要岗位操作能力</td></tr>
</table>

3. 创新教学环节

（1）案例引入

甄选与国际经济与贸易专业实务课程直接相关的实际业务案例，简述案情背景、案件经过及所产生的后果，同时结合授课教师在从事外贸业务中的亲身经历，让学生了解本部分专业知识在实际业务中的重要性，从而启发学生认识学习本部分专业知识内容的必要性。如在讲授国际贸易实务课程中合同包装条款时，通过中国某工厂从美国进口生产用零部件，由于包装尺寸问题无法及时收到货物最后致损却无法得到赔偿的实际案例来启发学生，进出口业务中包装的重要性及包装条款上升到合同主要条款的必然性，同时在案例引入的过程中指导学生如何学会系统性地分析问题。

（2）要点引导

在进入课程内容讲授之前，明确指出本部分课程内容的知识要点以引导学生有目的且思路清晰地进入知识学习阶段。在讲授每一个知识要点前，要先提出问题，让学生根据现有知识来思索，从而引导学生去发现、探究或解决问题，提高学生对问题的综合分析能力。如在讲授“国际贸易实务”课程中的国际贸易术语之前抛出问题：在进出口业务中买卖双方在签订合同过程中磋商的焦点在哪些方面？从而引出国际贸易术语产生的原因及在进出口业务中的作用，自然导入本章学习内容。

（3）实际为据

在实际进出口业务中，国际经贸专业实务知识日新月异，更新速度快。这要求授课教师在传授知识的过程中能够跟上时代的步伐，将新知识及时补充到课堂教学内容中去。因此，授课教师需要定期深入进出口公司及生产企业了解并掌握进出口业务中的最新动向，并对相应的新形式及新做法进行甄别、提炼，以适合课堂教学的形式加以传授。此外，要坚持知识服务于实际业务的原则，基于实际业务流程及做法讲授专业课程内容。

（4）科研深化

学生的科研素养不但是区分学位制教育与职业教育的一项标准，也是学生应用开发能力与创新能力的重要体现。因此，在课堂教学过程中，当完成每一章节的教学内容后，授课教师选择具有分析性且适合课堂教学的科研项目内容植入课堂教学过程中，学生通过项目小组的形式，经过分析论题、搜集资料、实际调研、制定方案、提出议案等逐级递进的方法回顾课堂讲授内容，达到知识向能力转化的目的。以制定科研项目方案、提出具体解决措施等形式让学生在消化教学内容的同时深化专业知识。

4. 改革教学内容

根据国际贸易中出现的新惯例、新做法对原教学内容进行调整。教学增加了国际商会制定的《2010年国际贸易术语解释通则》的内容，对当今国际贸易中新出现的交易工具、交易手段进行补充。据此，我们对教学大纲进行补充和完善，形成了新的、满足目前教学需要的教学大纲。接下来，根据外贸电子交易的需要，更新教学内容，根据当前进出口交易中出现的实际案例，编写并翻译成英文补充到教学内容中，这保证了教学内容的先进性与时效性。课堂教学内容改革沿着理论教学与实践教学两条主线进行，按照实践教学与理论教学既是相互联系，又是相对独立的两个子系统进行设计，提高实践教学在整个教学内容中的比重，使其形成一个相对完整而又与理论教学相互契合、相互促进的体系。

在教学内容的讲授上，遵循教材但不拘泥于教材。教学离不开教材，教材是教学的依据。教师在授课时，针对教材中的一些有争议的观点提出问题让学生思考，鼓励学生敢于向教材挑战，允许学生对教材的观点产生疑问，不唯上，不唯书，只唯实，打破常规，提出新观点并运用新方法、新思路解决问题，这样有利于培养学生的创新能力。

5. 改革教学方法

教学方法是教学活动的基本要素，是增强教学效果和提高人才培养质量的重要手段。要点讨论教学法不仅重视知识的传授，更重视引导学生积极探索新事物、努力发现问题和解决问题，重视培养学生的观察力、分析力和创造力，发挥学生的独立性。这种教学法使他们在理解知识的基础上，掌握科学的思维方法和创造性活动的经验、特点和程序，以达到提高学生独立研究问题能力的目的。为此，我们在课堂上实行“要点引导讨论教学法”：在讲授每一个知识要点前，先提出问题，让学生充分讨论，引导学生去发现、探究或解决问题。案例教学和实验教学是以增强学生的实践动手能力为目的。对于国际经济与贸易及物流管理等专业的学生来讲，实践能力包括表达能力和操作能力。

表达能力又分为口头表达和书面表达。操作能力是指完成一定任务的技术能力。实验教学是通过实验手段提高和培养学生处理实际工作的能力。通过外贸软件，我们将贸易的整个过程移到网上，使学生有一种身临其境的感觉。在实验过程中，学生可以根据交易的需要，拿出自己的解决方案，只要是可行的都予以鼓励，特别是对那些有自己独到见解的方案更要积极支持。实际上，这样的教学过程充分发挥了学生的主观能动性，调动了他们学习的积极性，使学生的主体地位得到表现。学生在认识发现中不断加深对教学形式和内容的感知、记忆、思维想象，形成一定的经验，实践动手能力得到了锻炼。

6. 设计评价指标体系

设计课堂教学模式主体指标体系，监控课堂教学过程，实现人才能力培养的实际结果与期望之间的对接。改革主要从以下几个方面展开：首先，确定评价方法与评价功能，坚持定性与定量评价方法相结合、激励与调控功能相结合的原则；其次，分析评价内容，主要包括教师教学能力、教师教学特质、教学材料与课程负荷等；最后，界定评价主体，包括高校教师、高校学生、专业研究人员、企业专家等。

（二）以运输地理为例探究启发式课堂

1. 授课对象和课程目标

基于运输地理广而不深的学科特点，其授课对象为物流专业大一新生。新生对学习的好奇心强，专业可塑性强。相对于高年级学生，他们在课堂上表现活跃、响应度高，有较高的学习热情，是进行专业兴趣激发和方向引导的最好时机。

作为面向物流管理专业学生的第一门专业课程，运输地理承担着其独特而重要的任务。一方面，要使学生掌握我国水路运输地理、国际海运地理、国际主要港口及航线、国际经济及货源形成情况等基本内容，为他们打下坚实的专业基础；另一方面，要能培养学生的专业学习兴趣、探索精神和团队协作能力，激发他们对物流管理专业的热爱。

2. 课程改革思路与措施

（1）课改理念

针对本课程在专业中重要的学科地位以及授课对象基础薄弱、学习意识强的特点，“运输地理”的课程改革将坚持以下理念：①以启发式教学为指导思想，建立一套尊重学生的学习规律，能引导和调动学生积极性的教学大纲；②以“学生兴趣为切入点，课程要求为侧重点，自主探索为带出点”为执行原则，确保每堂课的充实性；③以“教学结合、师生互换”为突破点，实行课堂教学与课后自主学习相结合，培养自主学习能力和终身学习理念，为学生的可持续发展提供良好的基础和保障。

（2）教学大纲的修订

旧大纲将整个课程分为海上运输地理、铁路运输地理、公路运输地理、内河运输地理、航空运输地理和管道运输地理六大部分。虽然这种模块教学条理清晰，利于学生把握脉络，但为了体现课程的启发性，整个课程体系大纲的制定均要从学生的思维特点出发。归纳起来，基于启发式教学的运输地理课程教学大纲的修订应从以下三个方面着手：

①铁路网布局与公路网布局两者息息相关，它们均与网内城市的政治、经济地位有着极大的关联；公路网尤其是高速公路网对铁路网起着有效的补充作用，我国铁路网中的“八横八纵”极易与中国高速公路网中的“7918 网”混淆。应将两者结合起来、比较学习，这样更能加深印象。

②海上运输地理是整个课程的重头戏。当前的教学是按照“海上运输概述＋国内主要海港国际航线分布主要国际港口”的思路在讲解。但事实上，由于这部分内容充斥着大量错综复杂的货流航线和许多大大小小的港口，如果缺少逻辑组织，不用趣味性的内容加以辅助和引导，会像记忆一堆排列无序的线条和网点一样枯燥。如果先介绍全球资源分布状况、世界经济格局，让学生了解哪里需要什么哪里盛产什么，货物的流动便有了动因，这一系列的航线就不再显得杂乱无章了。在这样的逻辑指导下学生便能学得开心、记得牢固。因而应在海上运输地理中加入一定量的课时，用于讲解世界经济地理，做好铺垫，避免学生将时间大量浪费在死记硬背上。

③内河运输地理与海上运输有一定的关联性和类似性，国际上大的港口往往都是内河入海处的港口。为遵循学生思维的连贯性，可以将内河运输嵌入到海上运输地理中学习，并依照以下逻辑进行串联：欧洲著名港口和大航

线→欧洲内河网络对海运的促进→欧洲主要内河→内河运输概论→中国主要内河发展状况（从内河网发达的欧洲地区切入）。这种具有逻辑关联性的教学思路，有利于学生对知识的全方位把握，提升他们的分析能力。

（3）课件制作的创新

具体到“运输地理”这门课中，课件应具备以下特点：

①地图丰富，动画有趣。地图是地理类课程的灵魂，运输地理课程想要达到的效果之一就是让学生在头脑中形成一个完整的空间架构。传统的文字性叙述和单个的地图不能有效地刺激学生的空间想象力。例如，在国际主要航线这一部分内容中，传统的课件只是简单地展示港口与航线的图片，由于缺少动感而无法引导学生边学边想。在富于动画的课件中，每一条航线从起点港到途中跨过的每一条航线再到目的港的走向都能动态地体现出来。航线一边流动的同时，教师可相应地加以说明和讲解。动画的引入有效地模拟了船在大海中航行所走过的路线，这能使学生记忆深刻、学得开心。

②创设问题环境，激发学生主动思考。启发式教学一定要有教与学的互动。多媒体课件的创新利用是促进教学互动的有效手段。例如，在学习公路运输地理中时，每遇到一个与铁路运输地理类似的部分，可以先在屏幕中出现一个问号，要求学生举一反三，从铁路的情况推导到公路上来，之后再演放出实际内容。这种提问式的教学能加强学生对知识的记忆，并提高学生的分析能力。

③重视课件内容的逻辑性和连贯性。零散的信息不利于记忆，启发式教学要能将看似零散的知识点有序地联系起来，因而课件的制作一定要充分地体现逻辑性。例如，进入内河运输地理这个独立部分的学习时，课件首先链接到之前学过的“欧洲地理布局和资源分布”这一模块中去，讲述欧洲的几大内河是如何促进欧洲港口发展的。从这个点开始切入，来讲解内河运输概论，之后再将中国的内河运输状况拿出来与欧洲进行类比分析，这种逻辑更利于学生对课程的整体把握。另外，为了使学生的思维保持连贯而不被打断，课件不宜过多地跳页，地图不能太过零碎。有时可以将如Google Earth等地图软件嵌入到课件之中，带领学生连贯地对地球交通进行观察分析。

第五章　产教融合下高校管理队伍建设

高等教育要提升质量，队伍建设是关键，而队伍建设又包括十分丰富的内容。其中，师资队伍和管理队伍是重要的组成部分。相比而言，师资队伍建设的重要性得到了广泛的认同和更多的关注，但是也有必要对队伍建设进行整体性思考，把管理队伍建设摆上更加突出的位置，认真进行系统设计、有序推进，使之成为高等教育提升质量的有效支持。本章主要介绍了产教融合下高校管理队伍建设，分别从国内高校管理经典模式、国外高校管理经典模式、开展信息化管理新模式、完善制度规范与队伍建设四个角度进行阐述。

第一节　国内高校管理经典模式

一、贵州高校产教融合的发展经验

（一）整合校企优质资源，服务人才培养模式

对于高校和企业来说，关键的整合条件就是实现人才培养，校企之间若是不具备足够的融合度，主要是因为校企双方都没有对各方面的有利资源加以充分利用，为此，我们就应当明晰一点，校企双方必须要充分整合各方面的优质资源，以便更好地实现人才培养。高校选择企业时不能仅仅因为企业的规模大、知名度高就做决定，要结合本校的特点等开展专业的设置规划，选择一些有较强责任感的企业合作，共同发展。在这一过程当中，需要把人才培养与企业发展目标加以结合，校企双方应当明确各自的任务与职责。有目的地对教师的教学和研究素养加以提高，以便造就一支高素质的“双师型”教师队伍，进而促使教师在教学中充满活力，对学校内使用的各种应用于实训的设备进行更新换代与维护，营造健康良好的校园文化氛围，加快产教结合；加强对毕业生就业情况调查分析，建立完善就业指导服务体系，引导学生树立正确择业观，实现“以生为本”理念，使之成为适应未来社会需求的人才。采用现代学徒制、联合培养等举措，有效推动学生的身心健康发展，积极开发新专业课程，并通过进一步发展带动地方产业升级，进而加大推动产业技术创新能力的培育力度，不断增强产教结合发展的自信。建立起能够完美符合高校学生成长成才需求的培养模式，从而有效地实现培养适应经济产业需要的应用型、技能型人才。对于培养目标的设置，需要重点参考贵州省三大产业发展需要，满足企业招工需求，同时还要注重实践性教学环节，使之成为人才培养的重要环节。既要具备所属学科基础理论，又要具备专业技能知识，并能处理实践中的各种新问题。在教学内容上应该以理论为基础，同时还要注重实践性教学环节。实践课程设置中需要表现出前沿新技术，实

践课程重点考核了学生的技能掌握情况、经验总结情况以及自身对于各项事务的应对能力等，其目的是培养并提升高校学生的综合能力。

基于共同人才培养模式大类，可以根据年级与专业等的不同，制定出符合个人发展需求的规划。对于专业的划分应更加精细，可以在大班中又划分出多个不同的小班，之后依据学生所具备的不同的学习水平以及实操技能的掌握情况等进行针对性的小班教学，在教学过程当中，要做到有一定的侧重，促使学生在自己熟知的范围内开展更加深入的研究与学习。采用较为灵活多样的培养方式促进学生产教融合的水平得以提高，不断增强高校学生的核心素养，充分展示教育对职业教育的良性影响。

伴随着时代的发展，各大高校在招生人数上也在不断增加，但是值得注意的是，高校应依据实际需求，聘请部分企业高管作为自己院校当中的教师，制订出一整套合理且确实可以执行的带教计划，由校内教学转向企业实习，积极推进双主体育人的进度。现如今，仍旧有很多学校使用的是分配制度，致使其中的学生在选择企业导师方面并不具备选择的权利，这些学校只是依据学生所学习的专业对学生进行对应企业的划分，而有些学校则会要求学生与企业导师之间能够进行互相选择。总的来说，为确保实现人才培养目标，就需要由学校根据不同学生的发展情况与诉求，为其分配对应的导师，使学生能够跟随导师学习到有益的东西。

（二）深化管理改革，完善多方管理监督体制

在产教融合方面，应当明确学校与企业分别承担的责任以及拥有的权利，并基于此建立完善的管理制度与模式，使有关单位与领导等能够明晰责任、承担义务，提炼并总结产教融合人才培养模式管理细则，清楚表述不同岗位所负责工作的要点，督促各个分管学院积极推出有效的管理制度，进而确保各个分管学院管理的院系在人才培养方面所表现出的积极性得到提升。不断对办学模式进行深入研究，以便寻找更加多元的办学模式，最终形成“学校＋学院＋公司”三大主体协同发展的模式，在高校内部还需要为此建立起“学校＋学院”的双主体管理形式，最终实现“管理、做事、评价”三方分离的

管理方式。加强师资建设，打造一支专业素质高、教学能力强的师资队伍，积极推动产教融合发展，不断深入推进校企联动，实现政、校、企多赢。①

在校企合作模式当中，真正能够保证二者充分合作的是将产业作为连接点，学校与企业之间应当积极加深合作，促使区域内的优秀高校与当地的优质企业合作，不断将各自的优势加以融合，最终实现产教融合最大化、最优化，进而养成良好的循环形态。为确保产教融合当中的学校与企业可以协调发展，政府就需要通过相关的法律法规对双方需要担负的责任与义务等加以明确，多方评估企业的运营状况，将学生实习产教融合程度、学校满意度等因素列入评价参照当中，对于那些一直以来始终坚持与当地学校保持密切的人才培养模式关系的企业进行一定的表彰，无论是减税还是对其进行一定程度上的政策倾斜都是可以接受的。伴随着相关法律政策的出台，进一步提升高校所培养的各类技能型人才的社会声望。

成立实习管理小组、安排学生到企业当中开展实习活动以及对学生进行全面且细致的实习管理十分重要。一般而言，在学生进入企业进行实习的过程当中，跟岗教师不应当同时担任任何学校内的任课工作，这些教师的唯一工作就是对学生的实习工作进行全权指导，以便实习工作能够顺利推进，还应当善于总结经验教训，经过深入的分析与研讨之后明晰相关内涵，总结对应经验。对于校方来说，应当始终重点关注学生的实习，伴随着学生实习工作的推进，学校应当积极对参与实习的学生与企业进行深入的调研，了解他们对于这次实习活动的感受情况，以便通过周密而又深入细致的工作以一种较好的方式进一步提升学生的实习生活水平。

基于实践操作过程的相关要求，需要定期对高等教师岗中部分一线经验不足的理论性教师进行针对性的培训。此外，还需要进一步保障教师的发展通道能够更加畅通，借助各种培训项目，使部分教师能够获得多元化与多渠道的培训，在培训教师之后还需要保证教师必须获得相关培训的资格证书和结业证书。为促进教师能力提升，可以积极鼓励部分教师主动参与省级或者是国家级的技能比赛，学校需要对那些能够在比赛中获奖的教师进行一定程

① 黄艳．产教融合的研究与实践 [M]. 北京：北京理工大学出版社，2019.

度上的经济奖励，也可以为这些教师提供合理的职称奖励等。除此之外，还需要进一步明确并落实教师进入相关企业当中进行学习与锻炼的制度，以确保能够通过相关制度保障教师教学能力得以提升。为确保教师教学热情得到提升或是参培态度更加高昂等，需要在高校当中根据实际情况推行企业内部实行的竞争机制，在合理范围内进行末位淘汰或者取消奖励待遇等。积极发挥骨干教师与优秀教师的引导能力，促使更多的新教师与普通教师能够不断提升自身的技能水平，使承担教学任务的教师的“双师型”队伍建设最大化。

（三）开展多元化课程，师生共同参与课程安排设置

基于企业对于技能型人才需求的角度，教师应当对课程安排进行进一步优化，与此同时，还需要积极参与教材的开发与编写。关于订单班的培养模式，我们能够明显发现，其中所推行的人才培养计划通过校企双方联合制订，以此为依据并按照企业的实际需求，促使教师与学生自发地组建讨论组研讨课程设置方面的问题。讨论小组成员之间相互交流学习成果、工作经验、职业发展规划，并进行总结归纳。依据相同层次的学院课程分配标准，与学生实际需要和兴趣爱好相结合，进而制定出合理的课程安排等，不断增强师生之间的互动频率。不断敦促并提高教师与学生互动产教融合程度，构建合理且完善的互评体系，对双方在合作当中尽职与否进行评价与打分，并且把这一结果同教师的绩效、学生的学业挂钩，从而进一步促进教师和学生关于上课热情程度的提升。在课程设置上不应盲目尊崇实践课程，应当尽力多开设一些选修课程，并积极鼓励学生依据自身情况进行相应选择，最终构建出完善且合理的“专业+”复合课程，进一步推动信息技术和教学实现更加深入的融合，最终打造出省级精品在线开放课程，并通过网络教学的形式真正构建出区域共享一体化信息化教学资源体系。

以产教融合为基本思路，高校需要参加有关的管理协会，并认真深入调查合作企业，充分发挥学校与企业的优势，实现对学生的培育，并不断对职业教育大环境加以适应，积极与当地的企业学校进行沟通交流，并与部分优秀的学校开展合作，共同办学，最终构建出能够更好地适应现代社会高速发

展的人才培养模式。很多贵州的高校十分重视品质与数量的提升，并且在不断发展当中也始终坚持以创新为主导，为此就需要营造出足够浓郁的适合学术交流与技术提升的校园文化氛围，积极引导学生能够在学习方面发挥主动性。对于部分始终处于平稳发展状态的高校来说，不应当安于现状，应当积极寻求突破发展，充分发挥自身特色，值得注意的是，很多高校所具备的特色的主要来源就是在高校的长时间建设发展当中，基于不同的文化因素与地域因素的影响而诞生的不同属性。对于不同的高校来说，应当充分发展自身理念，开发当地特色文化资源，与区域经济文化密切结合，根据自身需求与实际情况制定合适的目标，通过不断根据现实情况进行修正相关计划安排，最终实现目标，经过长期的实践探索，不断积累并发挥出自身特色，最终将相关特色广泛发扬于实践教学当中。

产教融合之路，成功构筑了产业与教育密切协作的平台。对于贵州地方的高校来说，应当始终坚持牢牢把握机遇，借助这一平台，与产业携手，共同为贵州省大数据健康产业培养出高质量的复合型技术人才。

（四）持续推进人才制度与教学体制改革

在对人才培养的目标进行确立的时候，选择的是创新创业能力，之后对各种专业性质加以综合分析，根据系统化工作、个体能力本位与技能成果这三种类型，最终设计出能够完美契合创新要求的技能人才培养与课程体系，进一步推动产教融合人才培养模式的实现。与此同时，通过改革教学方法，构建多元化考核评价体系等方式提高学生的学习积极性，培养具有实践创新能力的人才。促使政、校、企三方协同育人的进度的快速推进，与各大企业开展深度合作，并与政府部门合作创建新型培育平台，最终建立起适合当前要求的现代学徒制。市场的存在能够成为高校在人才培养方面的目标参考，也能够在一定程度上与高校相互合作，有效促进高校的发展，由此，高校就需要积极适应当地的产业结构变化，根据相关需求开设对应的专业，以便更好地为当地培养出契合的人才。一般而言，产业结构会伴随当地的经济发展而不断变化，经济水平在提高，产业结构也开始深度革新，所以高校在进行专业设置的时候，应当牢牢把握市场，加深自己对于市场的认知，不断根据实际情况对人才培养方案进行调整，以便适应市场发展。对于各大高校来说，应当尽力加强对外交流合作的力度，积极与国际上有实力的大学建立良好的合作交流的关系，并经常派有关专业教师到这类地区进行学习与相关培训，除此之外，还需要进一步强化领导、教师和全国著名院校的轮岗实训。当前，我国社会正处于转型阶段，各行业都发生了较大变化，对人才提出了新要求。高校应当有意识地引导教师实现流动，以确保校内的师资队伍能够始终保持新鲜化，加强教师间的交流与合作。引进先进技术和设备，提升教学水平。

高校在培养社会所需专业人才方面与实际需求之间存在一定的“时差”，主要是因为专业人才的培养动辄几年，而时代发展很快，社会需求也较为多变，高校若要不断发展，就需要应用研究的协助。高校与企业应当不断进行深入融合，在融合的过程当中，需要实现链式对接，以确保高校能够对企业某些产品从设计到售后的全过程进行参与，始终坚持学习，只有对技术与渠道等足够熟悉，才能够以此为基础更好地开展创新。并且，基于此才能够真正对企业的发展进行熟练掌握，借此还能够更加充分地了解市场需求，进而更加轻松地与企业的各部门合作。对于高校来说，若想开设足够合适的专业课程，就需要对企业进行深入了解与认识，并在此过程当中始终保持与时代发展相配合。一般而言，工匠精神当中的“工匠”一词主要指的是在某些工艺方面足够擅长的匠人。伴随着科技的进步与社会的发展，“工匠”也不再单单指某些有着高超技艺的手艺人，也可以指现代社会当中完全依靠自身专业技能实现价值目标的人。职业精神一般情况下会归属于精神的范围之内，更多时候指的是从业人员所应具备的职业操守以及应当表现出来的职业态度。很多时候，高校对于大学生进行培养，就是为了促使大学生能够掌握职业精神，其中主要包括了创新、敬业等精神。培养高等学生职业精神核心素养，有利于提升其未来从事职业的归属感与自信心。对于学习中的学生来说，只有提升其自信心才能够更好地促进学生的身心健康发展，也能够进一步增强部分学生对于自身职业价值的肯定程度。一般而言，只有确保职业精神始终能够存在且保持稳定，才能够不断增强学生的学习动力，进而保证终身学习的目标能够实现。职业精神主要表现为技能人才对产品的本身在要求方面更高，也更加重视产教融合的水平等，以上种种始终督促着拥有职业精神的相关人才不断对自身掌握的技艺进行深度钻研，并不断创新发展，以便更好地实现自身价值。通常情况下，若是能够拥有某些职业精神，就能够进一步促进自身在事业上的成长。①

二、广东高等教育产教融合的经验

在高校开展产教融合的过程当中，数量极多的利益团体被调动起来，互相合作，共同实现了产教融合制度保障的构建，并且，在构建的过程当中，应当明确一点：若要促使产教融合能够以高效且有序的形式展开，就需要兼顾不同的利益团体的诉求。在研究的过程当中，选定的切入角度是三个方面，分别是办学主体、产教融合的程度以及资源的投入，基于这三个方面，能够更加细致且深入地对广东省高等教育产教融合制度确保有效运行的对策措施进行研究。就办学主体而言，高校需要根据其发展现状与特点，遵循教育学原则，建设完善自组织机制；在教学产教融合层面，高校应当根据劳动力市场的需求，严格遵守相关原则，坚持对人才供求机制进行建设与完善；以资源投入为起点，高校需要积极接触并激发地方政府、行业企业等多元主体积极性，严格遵守市场发展规律的原则，成功建设灵活多样的资源调控机制。其中完善自组织机制的存在是高等教育产教融合发展的基础，完善人才供求机制，能够进一步推动高等教育产教融合发展，并且资源调控机制需要始终保持灵活性，以便高等教育产教融合的发展之路能够获得根本性的保障。

（一）构建健全的自组织机制

一般而言，自组织机制主要指的是高校作为学校的主要办学主体，在同社会大环境交换物质和信息时，通过产教融合或是其他内在子系统之间的作用，对高校内部结构进行一定程度上的调整，以便更好地适应经济社会与劳动力市场的发展。高校以积极主动的姿态顺应产业经济的调整和发展，在此

① 黄艳．产教融合的研究与实践 [M]. 北京：北京理工大学出版社，2019.

过程当中，还需要不断对内部结构进行调整、改进与完善，以便更好地维持与社会经济发展之间的平衡状态。在高等教育的产教融合影响之下，高校能够更加精确地了解到当前的劳动力市场所需要的人才类型等问题。并且还需要注意的是，当广东省各高校在进行产教融合的合作关系的构建的时候，需要坚持基于市场宏观管理对当前的市场形势进行分析、掌握，最终成功建立起完全契合自身发展要求的自组织机制。同时，政府也要积极引导和推动各地方高等院校加强校企之间的合作。必须让自组织机制成为高等教育产教融合的重要运作机制，我们能够从以下几个方面开展相关工作：

第一，根据产业发展，优化专业设置。产业的不断调整和发展必然导致对人才类型、人才层次需求的不断调整，高等教育产教融合合作目标之一是降低高校人才培养与劳动力市场需求间的不相匹配度。这就要求高校有一个有序健全的自组织机制，以优化和调整其专业设置。首先，要求高校根据产业发展需要，确定其教育模式和培养目标，根据区域经济龙头产业以及产教融合合作企业、行业协会等为引导设置专业。其次，专业的设置与调整要充分考虑地区相关产业的职业岗位群的发展和需求情况。最后，专业的设置、调整与优化要宽窄并存，即高校不仅要设置针对性强、专业化程度高的“窄”的专业，还要考虑拓宽高校专业口径，设置更“宽”的专业，加强高校的适应性。

第二，根据职业标准，完善课程体系。课程体系在高等教育的发展中起着举足轻重的作用，是人才培养的基础环节，是实现高校人才培养目标的前提和基本条件。高等教育专业课程内容与职业标准对接是我国提出的“五对接”之一，可见专业课程体系的重要性。同时，高等教育产教融合的发展，需要完善这一对接，实现高校课程内容与合作行业企业职业标准的对接，实现高校所培养毕业生与企业工作岗位的无缝对接。正是基于此，高校需要根据行业企业职业标准，构建高校课程体系。首先，高校课程的设置要以就业为导向，根据相关专业对应行业企业的岗位需求，有针对性地设置课程内容。其次，高校课程应根据市场用工需求，设置毕业生职业能力的培养目标，保证课程内容具有一定的先行性特点。再次，高校课程设置要以培养实践型人力资源为主要目标，提高就业前实践课程的比例。最后，高校需要及时调整和更新课程内容，提高学生职业能力培养的针对性。

第三，根据市场需求，提高办学灵活性。劳动力市场对人才最直接的需求是毕业生能实现由学习向工作岗位的直接转变，实现学生与员工的无缝对接。简言之，即企业需要能直接上岗工作的“成品毕业生”。同时，随着高校专业设置与企业职业分工的细化，劳动力市场对高技能人才培养提出了更高要求。要根据市场需求，改革现有教学法，加强项目教学法、任务驱动教学法等实操性强的教学方法的应用，提高学生的动手实践能力。此外，适时适量地安排学生参与到产教融合的合作企业的实际生产过程，让学生接触到真实的企业生产环境。借助产教融合办学模式，发挥高等教育办学的灵活性，有针对性和指向性地面向就业市场需求培养人才，适当调整人才培养模式、教学方法等。

（二）构建动态的人才供求机制

第一，基于学生生源市场构建供求机制。考虑生源市场即需要充分考虑高校学生的来源，生源市场是高等教育产教融合制度保障中不可或缺的重要组成部分。随着高校数量的增多、高校学生的扩招以及计划生育实施以来适龄学生人数的减少，高校生源市场的竞争日益加剧。同时，越来越多的公办和民办高校对外公开其招生信息，增加其招生途径，增加了学生和家长对高校专业设置、教学产教融合的水平等的知情权，学生在择校时有了更多的自主性和可选择性，加剧了各高校间激烈的生源争夺战。由于学生和家长将高校毕业生就业产教融合的水平作为择校的重要参考因素之一，就业率高的高校在招生竞争中毋庸置疑拥有更多的优势。正是基于此，提高就业率成为诸多高校的主要办学目标之一，就业率甚至成为高校办学成败的标准和生命线，影响着各高校的竞争、生存和发展。为此，高校需要通过产教融合，面向生源市场，积极开展形式多样的学历与非学历教育，提高高校就业率和就业产教融合的水平，提高高校毕业生的就业竞争力，提高高校的综合竞争力。

第二，基于劳动力市场构建供求机制。在广东省高等教育毕业生劳动力市场中，学生所学专业、掌握技能、综合素质、就业能力等因素会影响用人单位对其需求与否。同时，用人单位的发展前景、薪资待遇、工作环境以及学生对企业的期望等会影响学生是否选择该企业。这直接构成了用工市场和人才培养市场间的供需关系，即高校毕业生在就业市场中寻求合适的工作岗位，劳动力市场则根据自身发展需要及供求情况，调节生产、服务等行业中的人力资源配置。此时，就业及劳动力市场的供求情况会产生一定的信号，包括价值需求信号、人才需求信号及未来可能产生的人才需求信号等。这些信号会影响准备就读的学生及其家庭对专业和院校的选择，间接助推高校办学的优化和调整。总而言之，供给与需求间的相互协调与平衡，会影响高校的招生规模和学费水平，高校要根据用工需求情况，借助人才供求机制动态调整人才培养目标、方向和规模等，提高高校人才培养的适应性。正是基于此，广东省高校在产教融合过程中，需要充分重视劳动力市场需求及变化情况，准确地了解市场用工的需求信息，以此指导高校的办学定位、办学规模、专业设置、教学模式及课程体系等，提高高校的竞争力。

（三）构建灵活的资源调控机制

第一，以政府为主导构建资源调控机制。在高等教育产教融合资源调控机制的构建过程中，政府应发挥主导作用，联合行业企业、高校、行业协会等共同研究和构建有利于高等教育产教融合持续开展的资源调控机制。高等教育人才培养的主要任务是培养技术型、技能型及操作型等专门人才。正是基于此，政府应发挥主导作用，积极助推企业参与高等教育产教融合。首先，政府应积极助推行业企业以设备投入、场地投入、资金投入等形式参与到高等教育产教融合中，出台相关政策条例，确保行业企业对高等教育产教融合资源投入的稳定性和可持续性。其次，加大对高等教育产教融合过程中资源的监督监管和指导。政府应主导成立资源监管和指导管理协会，管理协会成员可由政府相关部门负责人、行业企业产教融合负责人、相关产业经济界专家、高校相关负责人等组成。管理协会通过提意见参与及监督监管的形式，参与到高等教育产教融合的资源使用中，确保资源使用的公开、公正和高效，继而提高行业企业再投资资源的可能性和积极性。最后，政府可通过对行业企业相关工作岗位人员进行培训，出台降低或减免企业税费等优惠政策激发行业企业投资高等教育产教融合的积极性。

第二，以企业为辅助构建资源调控机制。在高等教育产教融合资源调控机制的构建过程中，应充分发挥“产”“教”主体之一的行业企业的力量，协助政府部门发挥其宏观主导作用。首先，行业企业应协助政府，协同高校、行业协会，拓宽广东省高等教育产教融合资源的来源渠道。行业企业作为经济活动体，其对资金来源和投资有更丰富的实践经验和更科学的认识，行业企业协助作用的发挥，有利于解决高等教育产教融合的资金来源问题。其次，行业企业应协助政府，协同高校、行业协会，统筹规划高等教育产教融合运行中资源的使用和管理，借鉴企业资金运转模式，丰富产教融合中资源的使用和管理办法，协助政府出台相关管理条例、办法，实现资源的高效利用。最后，行业企业应协助政府，协同高校、行业协会以及社会机构和团体，建立多渠道高等教育产教融合经费筹措机制。以合作企业为代表，以经费投入等方式参与到产教融合中。同时，提高其他企业开展高等教育产教融合的积极性，实现多主体参与办学、参与教育投资。

第三，以市场为导向构建资源调控机制。人才培养与劳动力市场用工需求间关系的实质是高校人才培养与劳动力市场需求间的供求关系。社会主义市场经济的核心是利用价值规律及供求关系以获取经济效益。高等教育产教融合制度保障的行为主体包括了政府、高校、行业企业、学校学生以及其他需要技术服务的用人单位等。同时，又涉及包括学生生源市场、劳动力市场及技术市场在内的三个主要市场。在高等教育产教融合运行中，各主体、各市场间关系错综复杂，且各主体间利益需求不尽相同，各市场间资源供求关系不平衡。正是基于此，要实现高校与市场需求间的平衡，就要做到高校资源与市场资源的平衡，这就需要构建以市场需求为导向的资源调节机制。一方面，根据市场发展现状，调整高等教育产教融合运行中现有资源的配置。高等教育产教融合的发展需要根据现有劳动力市场对某类人才的需求程度，增加或减少人才培养的规模和数量，并随之适当增加或减少该类人才培养的资源投入。另一方面，根据市场未来需求情况，调整高等教育产教融合运行中资源的配置。高等教育产教融合需根据未来企业对人才的需求情况，新增或取消某些专业人才的培养，并随之增加专业所需硬软件设备及资金的投入，逐步减少或转移被取消专业的硬软件设备和资金投入，提高资源的经济效益和利用率，提高高校办学产教融合的水平。

第二节　国外高校管理经典模式

一、法国的“大学校”办学模式

“大学校”这一办学模式在世界范围内都表现得较为突出，其自身独立于大学之外，集合了多个高等专业院校。“大学校”在法国高等教育双轨制当中占据着十分重要的位置，是其中的一轨，它的存在不断为法国培养出各种方向的精英，由此也进一步推动了法国的社会经济发展。并且，在法国“大学校”当中，关于工程师的人才培养一直在整个世界享受赞扬。

（一）法国“大学校”建立的历史溯源

在中世纪的时候，人权并没有得到重视，神权影响着当时的所有人，而这也就自然而然地使教会假借神的名义牢牢把持教育的权利。之后，伴随着进入法国巴黎求学的人逐渐增多，巴黎大学也得到更好的发展，为更好地开展教学工作，教师团决定对学生的人数进行限制，并为学生建立起行之有效的学位制度，在当时的学校当中，第一个学位是执教许可。尽管在中世纪，现代形式的大学有着很多机会得以诞生，但是令人关注的是，这些大学在当时并不被重视，也不能够得到更好的发展，这主要是因为当时是一个神权至上的时代，很多领域都被教会把持着，学生根本难以获得良好的发展，思想被禁锢。

伴随着时间的推移，到了文艺复兴时期。在这一阶段，法王弗朗索瓦在法国创办了一座世俗学院，叫作法兰西学院，以便更好地与教会竞争，并且在这座法兰西学院当中设置了许多应用型的专业和课程，基于此最终成功诞生了“大学校”。目前，“大学校”已成为世界上许多国家特别是西方发达国家重要的高等教育类型之一，在全球范围内产生了广泛影响。18 世纪，科学技术飞速发展，为了满足经济和社会发展对科技人才的需求，很多国家都在着手进行科技方面的人才培养。在当时，大学的办学模式很难培养出适应社会发展并符合国家需求的人才，高等专业学校的设置，旨在为国家培养必要的科学技术与管理人才，甚至毕业之后部分成绩优异的学生都能够直接到国家高层任职。

在法国较为常见的是“大学校”在一定程度上直接突破了教会控制所有大学的局面，使法国出现了双轨制的教育体系。并且，“大学校”在诞生之后就直接担负起了为国家培养科技人才的重要工作，除此之外，也广泛作用于多个领域。这种办学模式的存在使法国的高等教育面临着更多的挑战，由此导致在过去的十几年里，“双轨制”的存在成为热门话题，也是法国高等教育改革的焦点。

（二）法国“大学校”办学特征

（1）法国“大学校”具有“精益求精”的招生选拔机制，这种选拔制度与大学的入学制度有很大不同：在法国，凡是通过高中毕业会考的年轻人都可以上大学，毕业会考并不是筛选考试，而只是资格考试。目前，法国毕业会考通过率大约为 80%，进入“大学校”却要难得多。首先，要通过选拔性考试进入预科，预科班的学习强度非常大，很多学生因为不堪重负在学习过程中会被淘汰掉，其次，还要经过严格的“大学校”入学考试。选拔淘汰主要由前两个环节完成，“大学校”入学考试筛掉的学生反而不多，但这次考试要对学生进行排名，只有成绩好的学生才能进入好的“大学校”。

（2）“大学校”在教学方面十分重视理论和实践相结合。相比法国综合性大学，“大学校”在教学方面也有其显著的特色。一般来讲，法国综合性大学在教学方面主要注重理论知识的传授，而“大学校”则更加注重理论和实践的有机结合，包括：注重培养多面性人才、重视应用知识教学与基础理论教学、注重实践性教学与“非技术”培养。应用型课程的教学与通用科学理论相交织，并且还派出学生进入社会企业中实习，其基础理论的教学、应用知识的教学、非技术培养、企业学习并不是四个孤立的环节，而是相互交融，存在一定交集的。这样的教学培养理念有较为明显的共性，都十分注重多学科设置、多专业融合，所培养的学生能够适应社会经济发展的需要。

二、美国“社区学院”办学模式

“社区学院”诞生于美国，凭借自身特有的办学模式，已经获得了社会的广泛承认，现如今已经发展了一百多年，至今还在蓬勃发展。“社区学院”在发展的过程当中已经成为和传统大学并行且不会互相产生负面影响的高等教育的又一条通道，已经占据了美国高等教育的一半。对美国“社区学院”中广泛使用的人才培养模式进行深入剖析，能够在一定程度上对我国的应用型本科院校的建设和发展带来裨益。

（一）美国“社区学院”发展概况

盛行于美国的“社区学院”在收费上并不多，且管理灵活，就业率方面有保障并受到美国人民的广泛喜爱。它的前身是存在于 19 世纪末期和 20 世纪初期的初级学院，最初是作为培养初等教育师资和管理人才的学校而出现的。1901 年，美国伊利诺伊州乔利埃特建立起第一所公立初级学院。初级学院的作用是帮助已经接受中等教育学生逐渐转变为高等教育，对于毕业生来说，不但能够直接就业参加工作，还能够在成绩允许的情况之下直接转到四年制大学三年级进修。初级学院的学生一般来自社会各行各业。初级学院发展之初，主要用于提供转学教育，二战之后，由于社区学院应当满足所在社区的教育、文化、经济各个方面的发展都需要，而且很多初级学院在逐渐更名为“社区学院”。

由于受《军人权利法》的颁布和战后“婴儿潮”出生的孩子到了接受高等教育的年龄的影响，1945 年后的 30 多年中，社区学院得到了蓬勃发展。1966—1976 年公立社区学院的数量增长了 82%，从 565 所增加到 1030 所，大约一周增加一所；同期学生数的增长更快，从 130 万上升到大约 400 万，增长率高达 200%。

从 20 世纪 70 年代发展到现在，“社区学院”也在各种机遇与挑战当中逐步开始了全面的改革深化，通过不断调整课程设置及管理方式，使办学功能更加多样化，从而走向了稳步发展的道路。据美国教育部统计，2000 年美国高等学校总量为 4096 所，其中大学 2320 所，社区学院 1776 所，占比超过

43%。2004年有660万学生，国际学生达7.6万人。全日制学生占39%，平均年龄29岁。女生占57%，男生占43%。社区学院的学生占美国大学生总数的44%。①

（二）美国“社区学院”人才培养特征

1.依靠社区强化人才培养

第一点，“社区学院”的主要生源就是其所在社区。并且，“社区学院”本身并不会为学习者设置入学考试等障碍，在学费的收取上也不多，只要已经年满18周岁的学生，都能够直接进入“社区学院”当中进行学习，以上种种有利条件再加上离家近这一条，使大量社区中的人进入“社区学院”学习。在社区学院当中有部分学生希望进入四年制的大学进修，还有一些学生进入社区学院的根本目的是取得一技之长，并尽快毕业参加工作。除此之外，一些在职的学生来此是为了学习更多的技能，还有来此为了消磨时光的老年学生和家庭主妇等。总的来说，社区学院的根本目的就是通过各种办法促使所有学生都能够寻找到值得自己或者自己想要学习的科目。值得注意的是，存在于社区内的每一个成员本质上都可以看作是社区学院潜在生源。

第二点，全面挖掘社区内部的人力资源。一般而言，可以将“社区学院”董事会的位置交给社会知名人士担任，并且为学校聘请一大批社区中的精英人士为学校的未来发展献计献策，“社区学院”的教师主要以兼职的形式存在，这些人来自本地的中学、大学等地方，或是退休人员亦或是家庭主妇。如此，社区学院设置的专业与课程就更能够为其所处社区进行针对性的影响，能真正体现社区发展需要。另外，在2003年的时候，美国“社区学院”中的兼职教师占师资比例68%，并且这些兼职教师在工资发放上面主要依据他们的认可情况，所以能够在很大程度上为“社区学院”进一步节省开支。

第三点，对社区的物力、财力资源与条件加以充分发掘与应用。很多时候，“社区学院”会通过对当地的各种资源进行充分利用的方式更加深入地开

① 陈炳，巩学梅，尹辉等.地方应用型本科高校建设“科教＋产教”双融合模式设计与实践[M].杭州：浙江大学出版社，2020.

展教学工作。另外，还需要进一步加强与当地的企业进行接触并开展合作，进而使“社区学院”能够在这些企业当中获得更多面向学生的实习岗位，且获得这些企业赞助的教学实习设备，还能够在一定程度上获得这些企业的资金支持。

2. 服务社区

服务社区经济的发展。目前，我国许多城市都建立了各种类型的“社区学院”。“社区学院”本身可以对社区在经济发展的进程当中所需的各类人才进行深入的认识与了解，由此就能够有的放矢地对需要的专业与课程进行设置，并为社区的经济发展给予足够的人才支持。同时也能使当地居民享受到良好的教育和医疗服务等方面的好处。因为在“社区学院”当中培养出的各种人才离家比较近，所以在学成之后能够更加方便地为社区的经济发展提供助力。“社区学院”的存在使很多在职人员能够获得更多的训练机会，进而有效提升自身的文化水平，并促使技术能力得到进一步提升，最终有效推动了社区的经济发展；“社区学院”对社区经济建设进程中急切需要解决的问题非常关心，并且提供了诸多服务与指导帮助社区经济生产部门最大程度上解决生产中面临的种种困难。“社区学院”还可以利用自己的优势资源，帮助企业解决生产经营管理方面存在的问题，部分“社区学院”甚至能够与社区共同负责经济的发展规划。值得注意的是，“社区学院”以多种智力支持的方式，服务于社区的经济生产部门，这种方式在很大程度上对社区经济发挥了推动作用，也正因此，使其能够获得人们普遍赞誉。

服务于社区文化建设。存在于“社区学院”海量课程体系下的许多课程本身对社区成员都是免费提供的。就比如，在美国的很多社区当中都会直接向新移民这一群体提供足够合适的免费英语培训项目。正如在 2007 年，美国马萨诸塞州金已经明确地对外宣布将在今后十年里成功地将社区学院发展为免费教育，进而确保社区居民文化素质得到极大提升；“社区学院”内体育场馆、剧场礼堂等设施由社区居民自由开发、完善与应用，在使用方面，可以是免费的，也可收取一定的费用，由此就能够在很大程度上促使社区内部的居民在文化生活方面更加丰富多彩；“社区学院”可以随时按照需要为其所在的社区开展各种类型的文化娱乐活动，亦或是以“社区学院”的身份直接加入社区的文化活动当中，由此，就使得“社区学院”逐步发展成为其所处社区的文化中心。

以一种向社会提供大量服务的方式，切实推进社区和谐发展。在这种关系下，“社区学院”既服务于当地社会经济建设，又服务于自身的发展。因为“社区学院”本身采用的是开放性办学的形式，所以对于学习者并没有严格的要求，使得各类人群都能够接受高等教育与职业技能训练等。并且，对于社区来说，“社区学院”的存在能够在很大程度上帮助无数的社区成员加深各自的了解，增强社区的归属感，并进一步促进所有成员道德水平的提升，进而确保社区能够以一种更加和谐的状态发展。

总的来说，“社区学院”和它所处社区之间联系紧密。借助所在社区的支持，“社区学院”能够对社区内部存在的人力、物力、财力等资源与条件加以利用，进而促使“社区学院”能够实现进一步发展和壮大。并且，“社区学院”的存在还在很大程度上帮助社区经济与文化实现更好的发展，使社区居民文化素质水平得到进一步提升，并且还使社区的和谐发展得到有效推动，社区与“社区学院”真正实现了和谐共生，相辅相成。

第三节　开展信息化管理新模式

一、信息化时代高校推进管理服务的探索

（一）高校管理服务信息化的概念

高校管理服务信息化涉及人事、教学、科研、资产、后勤等业务，旨在通过信息化的手段，将管理服务化繁为简，提高管理服务的效率和及时性，从而推动学校整体可持续发展，为学校的发展和改革提供支持和保障。

（二）大数据时代管理服务系统建设的难点

1. 碎片化数据

在信息化时代，在校师生的学习和生活都因为信息技术而变得非常方便，学生可以线上、线下进行学习，不仅增加了学生学习知识的途径，也增加了教师向学生传授知识的途径。高校信息化的铺开还方便了学校行政管理人员的工作，提高办事效率。教务、人事、科研等高校管理服务信息化系统在提供便利的同时，也产生了很多碎片化的数据，碎片化数据即零散、单一和未经规划的数据。目前高校为处理碎片化数据而搭建的信息平台，主要有两种类型。

（1）面向数据集类型

这种类型的平台按照数据类型对数据进行整合，无法很好地为学校管理者提供决策支持。

（2）面向业务流程类型

这种类型的平台按照业务流程对数据进行整合，需要针对不同的业务流程搭建不同的平台，设计成本较高。

上述两种类型的信息平台都不能很好地对碎片数据进行分析和利用，存在着难以为管理者提供决策支持、扩展性不高、碎片信息难以可视化等局限

性。如何整合这些碎片化数据并加以分析挖掘，为学生提供个性化教育，为决策者提供数据支持，是各个高校都在探索的问题。

2. 数据安全和隐私

大数据是一把双刃剑，在为高校管理、教师教学、学生学习带来便利的同时，也带来了一些安全隐患。高校信息系统中每天都产生大量的师生数据，数据采集、通信、存储、计算、应用等阶段都会存在用户隐私安全的问题，隐私安全问题是每个信息化平台建设需要认真考虑的。

（三）大数据时代管理服务系统建设的路径

1. 统一规划、分层设计

加强管理服务系统的制度建设，并制定统一的标准，加强学校信息系统的整体顶层设计，规划基于大数据的数字化校园框架，包括基础设施、信息服务、数据采集 / 数据处理、业务系统 4 个模块，搭建网络基础设施、物联感知系统、大数据分析处理系统和云计算业务平台。

2. 碎片数据处理

碎片化数据处理的目的是对碎片数据按照重要性、优先级等标准进行规划、整理和存储，实现数据的整合。为了实现整合，首先，需要对各个业务系统流程进行梳理，其次，需要对各个环节产生的碎片数据进行重要性分级，最后，采用数据集中模式、分布式资源模式或者数据共享平台模式对碎片数据进行整合。

3. 安全问题应对措施

出台数据防护、保护制度以保护用户的个人隐私，并且建立完善的数据采集管理政策，完善校企合作的保密机制；通过物理防护、信息加密等技术手段防止数据的泄露，建设大数据安全监管平台；加强防火墙的应用，保障校园网络安全，保护校内资源不受外来非法访问和病毒的侵入；通过人防技防的方式，保护校内信息系统的数据。

在大数据时代，用数据改善目前的管理服务方式，建设一批管理平台，如高校决策参考信息平台、人事一体化管理平台、学生一体化管理平台、科研一体化管理平台、资产一体化管理平台、后勤一体化管理平台、财务一体化管理平台、教务一体化管理平台等，方便学生的学习和生活，助力高校信息化发展，提高学校办事效率，提升师生满意度。

二、高校决策参考信息平台建设

随着信息化、数字化、云计算、大数据、人工智能、物联网等技术的发展，高校各个业务系统中存储着海量数据，包括学生的学籍、课程、成绩、消费等，教师的教学、科研等，还有学院、各个职能部门的数据。数据量大，种类多，编码方式多，如何用大数据促进教育信息化发展成了目前各个高校都在探索的问题。数据应该是用来帮助学校作出决策的，构建决策参考信息平台，能够推进高校信息化建设，推进管理的规范化和决策的科学化。

（一）信息化建设和高校管理决策的现状

目前，成都大学信息化建设已铺开，制定了统一的数据标准，共享数据中心、数据抽取和清洗平台、统一信息门户、迎新离校系统、教务系统、研究生系统、人事系统、移动协同 OA 系统、统一身份认证、国有资产管理系统等已经建设并投入使用，方便师生学习生活的同时，也在这些系统中积累了海量的数据。这些数据结构复杂，存在文本、图像、音频、视频、日志等结构化和非结构化的数据，数据规模大。如何对这些数据进行深入的分析和挖掘，以帮助高校教育管理，值得我们探索。

高校教育管理工作十分烦琐且复杂，总的来说，它是多目标、多层级、多约束、多系列、多动态、高时效的一个决策过程，得益于信息化的发展，高校教育管理可依据大数据得出的分析结果进行决策。

（二）决策参考信息化系统简介

决策参考信息平台，旨在利用先进的信息技术，全面收集和系统梳理全校的关键业务数据，包括人事、教学、科研、财务、资产、后勤等，并应用先进的计算模型进行智能分析，从而有效支撑校领导及各级管理人员查询和了解学校整体校情，为校领导的宏观决策提供数据依据，同时方便各级管理人员动态地掌握各方面业务工作的状态，进而及时地发现问题和解决问题，并最终提高学校的整体管理水平。

（三）决策参考信息化系统设计

决策参考信息平台依托数据中心，是一套集数据的采集、分析、展示为一体的系统。总体上，宏观领导决策平台的建设主要包括 15 个模块的建设，即基本校情分析模块、综合竞争力分析模块、院系竞争力分析模块、财务分析模块、就业分析模块、学科分析模块、本科教学评估分析模块、招聘分析模块、劳资分析模块、人力资源产出分析模块、科研分析模块、招生情况分析模块，研究生教学分析模块、资产分析模块和一卡通分析模块。下面简要地对部分模块功能进行描述：

1. 基本校情分析模块

采取"泛化"的建设思路，以学校基本对象（学生、教师、资产）的数据为基础展开分析。

2. 综合竞争力分析模块

结合当前学校竞争力的主要对比指标，通过数据抽取和分析，重点对相同水平的同类院校进行横向比较，从而有效反映学校的优势、劣势、机遇和挑战，为校领导的宏观决策提供数据依据和信息支撑。

3. 院系竞争力分析模块

院系竞争力分析模块能够结合当前高校间院系竞争力的主要对比指标，通过数据抽取和分析，重点对相同水平的同类院校的院系进行横向比较，从而有效反映学校院系的优势、劣势、机遇和挑战，为校领导的宏观决策提供数据依据和信息支撑。

4. 财务分析模块

能够对学校某一时期内的财务状况及财务成果进行系统的剖析、比较和评价，进而获得对高校经济活动和事业发展状况的规律性认识，其可以有效支撑学校的财务工作逐步从核算型向分析型、管理型转变，并监督会计工作，提供准确的、高质量的会计信息，从而保证校领导和各级管理人员作出正确的决策。

5. 就业分析模块

主要针对学校各届、各专业毕业生的就业情况、对口情况、行业需求和就业趋势、岗位和专业匹配度等情况进行对比分析，从而为学校改善教学方案及发展专业方向提供参考依据。

6. 本科教学评估分析模块

本科教学评估分析模块主要面向学校的教学评估，基于“BI（Business Intelligence，商业智能）理念”，采用导入、手工录入等多种数据采集方式，并通过数据集成平台，把各业务系统中的数据进行汇集，并围绕本科教学评估的各类指标项，进行灵活的展示与动态生成。

本科教学评估分析模块可以实现 3 个目标：一是让评估专家通过分析图表全面了解学校整体建设情况；二是让校领导实时跟踪教学评估相关指标数据，掌握每一个评估点的真实数据，也可以进行实时自评，为教学的科学决策提供依据；三是用智能化的预警手段来对未达标指标进行实时监控。

本科教学评估分析模块从师资队伍、教学条件、教学管理、专业结构与布局、学风、教学效果等多个方面对高校进行全方位的教学评估与展示，对评估指标进行有效跟踪，自动生成评估报告，并以报表、Flash 图标为依托，清晰直观地展现各个评估指标的情况。

7. 招聘分析模块

招聘分析模块围绕以招聘为主题的业务数据进行深度挖掘和分析，从而方便校领导和各级管理人员以横向、纵向、对比等方式了解各学院、各部门的招聘状态信息，辅助后续招聘工作的展开。该模块可以有效简化学校面试和录用程序，提高面试效率，帮助学校深化行业信息和资源渠道；完善学校的人才库的信息、提高人员选拔的质量；从整体提高学校招聘的吸引力、招聘的时效性和人才质量。

8. 招生情况分析模块

招生情况分析模块主要按地区和专业，对学校历年报名和录取情况、生源质量、就业形势、师资力量和招生计划等数据进行对比分析，为合理编制招生计划和提高生源质量提供数据支撑。

9. 资产分析模块

资产分析模块主要围绕学校的公用房、建筑物、宿舍、教室使用情况以及仪器设备数据对资产进行查询和分析，以国家颁布的基本办学条件指标、普通高等学校建筑规划面积指标以及高等学校基础情况统计分析报表为依据，在学校资产处和图书与信息中心的全力配合下，能够为校领导和相关业务人员起到辅助决策的作用，方便学校业务的开展。

我们正处于信息化建设第三次浪潮的起始时期，要抓住这次机遇，用信息化、大数据、人工智能等技术改变传统高校管理决策方式。基于人工智能、大数据的智慧高校决策系统，能够为决策领导提供清晰的可视化展示和数据支撑，帮助其及时掌握全面、有价值的决策信息。

三、学生一体化管理平台建设

学生从高考填报志愿起，到被录取，再到入学，最后毕业离校，其学习、生活等方方面面都在学校管理服务体系中。如何利用大数据、人工智能等技术，为学生提供个性化、便捷的服务是各个高校都在探索的问题。学生一体化管理平台是关于学生自入校以来全生命周期（包括考生、新生、在校生、毕业生、校友）的角色服务一体化系统，该系统能够实现本科生和研究生的一体化管理，涵盖与学生相关的近乎所有业务，包括招生、学籍、教学、学习、资助、思政、文化、就业、离校、后勤、社交活动、个人兴趣爱好、社会服务等领域，帮助学校从复杂、零散的高校学生业务中解脱出来，形成一套新的教育理念和模式，提高职能部门的工作效率，规范业务流程，为学生提供灵活方便、优质高效的校园服务。

学生一体化管理平台的建设内容主要由两个部分组成，分别是本科生工作管理子系统和研究生工作管理子系统。

（一）本科生工作管理子系统

本科生工作管理子系统主要由 13 个功能模块组成，分别是招生管理、迎新系统、离校系统、政工队伍管理、奖优奖助管理、勤工助学管理、家庭经济困难学生认定管理、综合素质考评管理、助学贷款管理、学生日常管理、学团管理、宿舍管理和校友管理。

1. 迎新系统

新生在报到前可登录迎新系统，提前了解个人所在班级、寝室、学院等信息，在报到时可通过刷条形码完成信息核对、寝室入住等手续。2017 年，成都大学迎新系统上启用“网上选房”系统，新生“未到校、先选房”；2018 年，成都大学迎新系统再次升级为 3.0 版，上线手机端预报到系统，PC 端 + 移动端双管齐下，自主选房、在线入学教育等，实现新生手机在手，报到无忧，流程更加优化、服务更加便捷。2019 成都大学迎新工作基于“互联网 +”技术手段，依托全媒体平台，优化迎新系统电脑端 + 手机端操作流程，进一步提升了系统使用的便捷性和体验度；依托易班，搭建新生入学须知平台，构建九大板块；完善入学教育优质课程平台，搭建 30 门图文视频课程，帮助新生实现“未进校先进班；未报到先入学；未开课先学习”取得明显成效。2019 年成都大学已有 5298 名新生完成线上预报到、自主选择寝室。

2. 离校系统

智慧离校系统能够切实解决毕业生办理离校手续时多跑腿、排长队的难题，毕业生可随时通过系统查询、办理离校手续的进展情况，不再手持纸质版毕业流转单往返于全校各个单位盖章。学生完成各个流转流程后在系统上查看便可在辅导员处领取毕业证书，辅导员、系部、业务部门亦可在系统上查看各自系统中学生离校手续办理情况，师生反映良好。2019 年成都大学离校季，已有 5000 余名毕业生温暖离校。

3. 宿舍管理

宿舍管理系统能够实时掌握学校公寓使用情况、每个公寓楼房间住宿情况、全校学生住宿情况、每个学生住宿详细信息等，涵盖学生信息管理、公寓信息管理、学生入住管理、学生收费管理、学生退宿管理、日常操作管理等一系列有关宿舍管理的业务流程。将宿舍管理与迎新、离校系统结合，极大地方便了学生的生活和学习。

（二）研究生工作管理子系统

研究生工作管理子系统主要由5个功能模块组成，分别是招生管理、学籍管理、学位管理、研工管理和就业管理。因为研究生招生分初试、复试两个阶段，并且含推免、直博、直硕等情况，因此下面主要描述一下研究生招生管理模块的主要功能：

招生管理权限分为三级管理：学科、学院、研究生院。

1. 报名前招生专业的确定

研究生院在系统内公布各学科招生详情，由学科管理员对专业的招生资格及人数进行确认，提交后由学院管理员进行审核，学院提交后由研究生院进行审核确认，并可以在招生网上公布。

2. 导师的录入

由学科管理员对导师进行选择（由学校平台提供数据），提交后由学院管理员进行审核，学院提交后由研究生院进行审核确认。研究生院、学院用户可超越下级用户直接进行操作。

3. 基础信息管理

基础信息管理：为系统设置（考试名称、招生年份、学校代码、学校名称、初试成绩权重、复试成绩权重）、功能时段设置、信息发布、考试科目维护、招生院系设置等。研招办可以发布与招生相关的信息、通知或公告，同时可上传附件，发布信息时还可选择该信息面向的对象（院系管理员或广大考生）。院系和考生可查询发布的信息、通知或公告，并下载相关附件。

4. 目录编制管理

制定目录编制的流程，该流程可根据学校管理的变化，随时进行动态调整。依据学科建设管理模块数据，以不同权限导入、制定及审核本级权限招生专业目录（专业、学院、研究生院三级），研究生院可按条件检索、编辑结果（如批量为满足某些条件的考试科目编码），并生成专业目录上报库及发布用的专业目录文件等。研招办审核各院系提交的招生专业目录信息，汇总审核通过的各院系招生专业目录，导出教育部需要的专业目录上报库。审核不通过的，各院系可以继续修改。

包括：硕士目录编制（院系招生信息维护、国家统考科目维护、自命题科目维护、复试科目维护、导师信息查询导出、专业研究方向维护等功能，招生目录科目采集、招生目录信息查询、院系考试科目清单、科目考试范围维护、生成国家上报库、硕士专业目录修订校验等）；博士目录编制（院系招生信息维护、考试科目维护、导师信息查询导出、导师研究方向维护、招生目录科目采集、招生目录信息查询、院系考试科目清单、科目考试范围维护、生成国家上报库、博士专业目录修订校验）。

5. 招生计划管理

依据三级权限（学院、专业级权限可随时开放或关闭），制订全校各院系、各专业的招生计划并对外进行发布。

6. 报名管理

研究生的类别以及功能按模块分为博士准考管理、博士网报管理，主要的功能包括：报名参数设置、专业及导师库导入、网上报名、报名信息维护（含导入、逻辑校验、人工审核、编号）、打印准考证、监控准考证打印、统计分析打印等。硕士研究生报考数据处理模块，主要功能包括：导入报考数据，依不同条件统计、分析并打印结果。

各院系管理员可查询本院系报考考生信息，从而了解本院系报考情况。系统提供各类统计报表、标签的输出，为全面把握本校报考情况、命题、出试卷、向各考点寄送试卷等工作提供数据依据。

7. 免试生接收管理（含硕士研究生、直博、硕博连读等）

需与教务处共享该模块，可依据不同工作阶段和级别，设定各学院、专业免试生接收计划，审核、管理各院系上报的拟接收免试生信息，组织免试生复试，确定接收免试生，生成上报的推荐免试生数据库等功能。需要本科教学部分数据共享，免试生需要学院专业推荐上报，研究生院审核并复试。

8. 成绩管理

按三级权限（研究生院、学院、专业）录入并审查自命题科目考试成绩，生成上报的成绩库；导入下发的全国统考成绩总库，统计、分析功能。可编辑网上公布字段数量等，管理部门可以按不同级别和检索条件查询考生成绩及打印。

9. 复试管理

系统提供测线功能，导入当年招生计划和国家分数线，划定复试分数线后，生成上线考生名单，按不同级别和工作流程管理校内调剂、导入校外调剂数据、破格录取工作、复试导师组成员，安排考生复试及体检（如生理生化检查、既往病史问卷等），录入复试成绩和体检结果，确定拟录取考生并生成名单。

复试安排：院系录入各专业复试安排信息，包括复试时间、复试地点、复试内容等；研招办可以随时查询各院系的复试安排。

复试结果：院系录入并提交本院系考生的复试成绩和拟录取意见，研招办进行汇总审核，并有权直接修改考生的复试成绩和拟录取意见。另外，研招办可以导出上报给教育部的复试考生库。

10. 拟录取管理

根据各院系所提交的复试结果以三级权限修改、确定并审核拟录取考生信息，研招办可单独新增拟录取考生，修改拟录取考生信息；从现有的拟录取考生名单中删除个别考生；统计拟录取考生；导出上报给教育部的拟录取考生库。可以按组合查询条件（如拟录取院系所、拟录取专业、拟录取类别、考试方式、专项计划、是否破格、考生姓名等）查询拟录取考生。

提供协议书下载，支持对录取新生信息进行统计分析（从成绩、考生来源、毕业学校、年龄等维度分析当年数据；参照历史成绩库进行时间序列分析），并提供网上查询；发布招生工作简报、考生材料的归档等功能。

11. 照片批量处理

从教育部网站下载报考学生照片，通过照片批量处理导入到系统中。

12. 数据导入

从教育部网站上下载的一些数据导入到系统中，可以实现选择性的导入，包含报名库、成绩库、复试名单、拟录取名单等。这些数据将与培养、学生管理等环节共享。

13. 招生决策分析

操作人员通过该模块，通过增减检索条件、组合检索等方法统计分析上线情况，并相应地制定分数线，包含考生来源统计表、本校应届生报考情况统计、考生分布情况统计表、考生分专业报名情况统计、上线率统计表。

（三）结论与展望

学生一体化管理平台以为学生服务为向导，服务学生入校、在校、离校的整个生命周期的全部身份，包括考生、新生、在读、休学、毕业生、校友等角色，并且为学生管理工作提供精准、一致的决策支撑数据，提升学生管理工作服务效率和认可率。好的学生一体化管理平台与其相应的制度密不可分，平台的建设要有制度作为支撑和保障，只有通过管理、技术、创新的手段，才能为学生提供一体化的管理服务。

第四节　完善制度规范与队伍建设

一、高校管理制度的建设

以制度建设为导向，长久执行，明确责任主体，进一步促进育人热情的表现。目前，我国大多数高校都开设了社区教育课程。“三全育人”的制度本身会随着社会环境要求的变化而改变，所以想要确保制度建设能够长效运行，就需要对其不断进行更新与改进，在实际操作当中可能会面临着难点与不足，这时候就需要重点关注，并适时进行改进与完善，若非如此就将导致制度和现实不交融，有隔阂。高校建设“三全育人”的体制机制应当确保切实推进，不可耽于口号。“三全育人”应当渗透进教师和学生在日常生活、学习与工作的各个方面。当前，高校大学生思想政治教育工作面临着新情况和新问题，而这又要求我们必须创新机制、探索新途径，“三全育人”制度就是这样一种行之有效的方式方法。在推行“三全育人”制度的过程当中，需要格外重视明确各方责任，保证各环节的顺利推行。

由此就需要各高校积极合作，共同努力，有效制定切实有效的促进“三全育人”体系建设的具体办法，在充分掌握自身实际情况的基础之上，以充足的自信心，使用规范化的管理模式有效推动相关制度的落实，在专门的推进规划小组的支持下，督促整个制度进行充分的建设与实施，贯彻落实相关文件要求。现如今需要全国各地区、各高校严格根据中央统一部署，基于全员、全过程、全方位的整体理念，成功构建出课程育人、文化育人、心理育人、管理育人等为一个整体的育人格局，进而有效促进了思想政治教育的开展。为了能够进一步推进一体化育人格局的构建，就需要对领导体制与工作机制等进行创新，以便能够形成较强的育人合力。若要实现这一点主要可以通过以下几种方法：积极推进教育教学一体化，确定学生应当在教学过程占据主体地位，并明晰教学规律，确保教学课堂与课外能够实现有效联系；推进主渠道主阵地实现一体化，真正实现“三全育人”教育课堂和日常生活的紧密联系。就主体理论的课程规划而言，以中华优秀传统文化为根基，重点发展校本文化，运用多种文化活动，为学生创设足够优秀的育人软环境；将马克思主义与中国特色社会主义理论作为其核心内容，成功构建出主要包含有哲学与社会科学等学科知识的“三全育人”学科群，进而促使思想政治教育的优势地位得到进一步加强，最终创建出育人“同心圆”。通过推动思政课程教学改革，构建涵盖中华优秀传统文化课程、创新创业教育课程等的课程体系，通过发掘各学科、各专业的育人元素，增强课程育人的亲和力、吸引力。同时，“三全育人”的总体规划必须聚焦以学生为主体的价值导向，因势、因群、因业、因材把立德树人渗透到学生成长成才的全过程。

（一）将管理育人理念内化于制度中

1. 制度要明确育人理念的价值取向

在高校当中存在各种制度，这些制度都有着自己的作用，这些制度的存在主要是为了帮助高校更好地开展教学活动，维护教学秩序，并进一步增强对于教学科研任务的管理。从育人的角度出发，高校学生管理制度不应该是管理者用来管制、处罚学生的手段，高校应该以发挥制度育人功能为核心，实现育人价值。制度的制定过程就是管理者与学生之间不断沟通的过程，核心就是在制度中加强道德指引，以“富强、民主、文明、和谐，自由、平等、公正、法治，爱国、敬业、诚信、友善”社会主义核心价值观为理论指导，加强制度育人功能。

2. 制度以促进学生的全面发展为基础

在高校当中进行各种规章制度制定的主要目的是对所有学生的合法权益进行保障。一般而言，在对高校内部的各种规章制度进行设计的时候，先要解决的就是满足所有学生的需要。相关制度应当确保学生的各种权利得到保障，其中主要包含有以下几项：学生应当能够自由地参加各种社会实践活动；学生可以根据自身实际情况进行奖学金、助学金等的申请工作；学生应当了解合理的意见反馈渠道，以便能够对部分问题开展申诉工作等。

由此对学校管理者的行为加以确定，主要就是对学生进行指导，使其能够明晰制度规则，进而了解到相关制度的存在不只是为了对学生进行约束，也能够在一定程度上对学生的正当权利进行维护。只有做到以人为本，以学生根本需要为中心，才能够更好地发挥出管理制度对于教育教学工作的作用。对于大学生来说，自身经历高校的培养逐渐走向成熟并最终以此为起点踏入社会，生存环境与社会地位等无不影响着他们的生理和心理状态。所以，对于高校管理人员来说，必须了解他们的心理健康状况，才能有效地提高管理工作的质量和水平。还没有真正走向社会的大学生在心理层面会不断变化。因此，高校应根据自身实际情况制定相应的管理制度，以保证学生健康成长。建立高校学生管理制度，应注重教育目标、管理任务以及实施途径与方法等，确立健康的教育理念，使得学生能够实现身心健康发展，进而促使学生真正意识到自身要想开展各种活动，就需要始终保证自身的健康，由此也就进一步强化了学生的自我保护意识，引导学生逐步掌握健康生活方式，养成乐观生活态度。

高校存在的本质的目的就是为国家培养有着综合素质的人才，并且高校管理工作之所以存在，主要是为了帮助学生解决各种在学习中遇到的难题。很多时候，良好的高校管理制度能够在很大程度上帮助学生更好地实现全面发展，且学习的自由能够得到保障，无论何种高校内部存在的教育资源，学生都能够在管理制度的允许范围之内获得。对于学生来说，通过积极参与各种社会实践能够充分积累经验，锻炼自身能力，进而实现自身的全面发展。对于高校来说，为了确保学生能够实现全面发展，就需要促使学生能够积极参与各种社会实践。

（二）合理审视高校制度制定主体公正化

1. 制度制定有利于提升管理者道德品质

一般而言，要成为高校管理者，就必须拥有崇高的道德情感。这里的道德情感主要是指管理者在实施管理过程中所形成的职业道德行为，并且由此形成的一种内心评价与主观态度，最终共同影响管理者内在价值观的产生，它的存在确保了管理者能够恪守职业道德并进一步促进学生优秀品德的形成。

第一点，高校管理者应当使学生感受到切实的尊重。在工作当中，不但要尊重学生，还需要及时了解学生的需求并加以满足。部分家庭条件困难的学生在学习上较为努力，且有着良好的学习成绩，但是也有部分家庭条件困难的学生在学习上并不理想，表现得也比较自卑，这时候就需要高校管理者及时了解这部分学生的心理，为其排忧解难，促使这部分学生重拾自信心，实现自立自强。除此之外，还有一部分特殊的家庭的学生应当得到关注，这部分学生或是父母离异或是被遗弃等，这时候就需要高校管理者不断为其提供充分的关心与爱护，及时为其提供帮助。一般而言，为了更好地开展高校管理的工作，相关工作人员需要在新生入学之时为相应的特殊家庭的学生建立对应的特殊档案，以便在日后的学习生活当中为这部分学生提供特殊的关注与爱护。

为更好地对这部分学生进行管理，就需要积极深入地挖掘这部分学生的兴趣爱好，并为其提供情感上的补足，始终确保对这部分学生做到尊重与爱护，积极为其提供力所能及的帮助，以便他们能够养成健康的心理与品德。

第二点，高校管理者应当做到公平、公正。在开展相关工作的时候，高校管理者应当始终以一种公平且公正的方式对待所有学生，进而激发学生的道德责任感，确保学生们能够养成良好的行为。

第三点，一个优秀的高校管理工作者应当具备极强的责任感。很多时候，关于高校学生的管理工作事务繁杂，很难及时且全面地进行处理，这时候就需要高校管理者发挥自身责任意识，以一种积极的工作态度对学生进行管理。

2. 制度制定符合新时代管理育人要求

在进行高校规章制度制定的时候，高校管理者应当始终保证合理合法，毕竟，这些规章制度若是与我国法律有违背，就会直接失去合法性，也就难以得到执行。值得注意的是，在高校中关于学生的管理制度的制定当中，最为重要的一点就是重视学生，维护学生的合法权益。并且，伴随着高校管理工作的不断推进，各种问题层出不穷，管理者应当始终坚持以学生为本，以乐观的心态积极应对挑战，并战胜困难，进一步完善相关管理制度。

（三）重视高校大学生对于管理制度的反馈

高校的管理者应当顺应时代，及时改变管理理念，重点关注学生主体作用的表现，促使大学生能够积极参与到学校的管理中来。当前，大部分高校所制定的规章制度都能够在很大程度上进一步体现出学生的主体性。为进一步锻炼学生的自我管理能力，高校应当积极引导学生在面对问题的时候，主动寻找解决途径。我国高等教育改革后，许多高等学校开始重视培养学生的自我学习能力，鼓励学生主动参与到学校管理中来，这不仅提高了学校管理效率，而且还促进了学校教育质量的提升，最终建立起中国特色高校学生管理模式。学生是高校教育的主体，他们拥有充分自主管理的权利。在日常的学校管理工作中，可以由学生组织成员对高校内部的诸位学生在高校内部的管理与发展等方面的意见与建议进行收集，并将这些内容对高校的管理者进行反馈，以便学生能够参加学校管理。

1. 制度要有利于大学生参与能力的提高

伴随着时代的发展，我国各大高校对于管理者有着越来越严格的专业化要求。高校本身的主要工作就是进行人才培养，所以在高校内部接受教育的学生在能力的获得与发展等方面也能够在一定程度上对高校产生影响。因此，高校学生管理工作中加强学生能力建设显得尤为重要。在高校对学生进行培养的时候，应当格外注意对学生的综合能力进行培养，其中最应当关注的就是学生的管理能力的获得。高校应该积极鼓励并引导学生积极参与学校的管理制度制定工作，为实现这一目标，就需要调动起学生的参与积极性，使得学生能够积极主动地参与到制度的制定当中。同时教师还要注重引导学生积极参与学校管理制度制定的全过程，并通过对学生参与情况进行反馈来不断地修正和完善。对学生而言，学生应当有决心有毅力参与到制度制定当中，进一步明晰现阶段自身在教育当中所占据的主体地位，进而充分发挥自身作用，有效推动制度更加有的放矢。另外，学校还应重视对学生的学习指导和监督，通过多种方式来促进学生自主参与，以增强其参与性。一般而言，参与意识与参与者素质能够直接对参与效果产生影响，并且制度制定的质量决定着制度实施的成败。所以说，管理者应当为学生提供各种与制度制定相关的知识，还需要加强学生的组织与执行等能力。对学生而言，参与制度制定的根本目的就是确保自身的权利与权益能够得到切实保障。

2. 制度要有利于师生的互通渠道的拓宽

若是想要顺利开展高校内部的学生管理工作，就需要时刻保持各种信息的畅通状态，而要实现这一点，就需要确保相关管理工作人员能够进行有效的管理。值得注意的是，一般情况下，人与人之间要想获得有效的沟通，获得良好的沟通效果，相比于正式沟通，最为重要的一种方式就是开展非正式沟通。沟通方式多种多样，最终效果也不尽相同，其中书面沟通在沟通效果当中表现最差，而将口头沟通与书面沟通进行结合的沟通方式是至今为止已知的最有效的沟通方式。

显而易见，全面沟通最能够实现人们需求。而对高校的管理者来说，为了确保管理制度的有效运行，就需要不断与高校内部的教师与学生开展全面且细致的沟通，并在此过程当中，顺应时代发展，更新自身管理理念。伴随着社会的发展与科技的进步，现如今人们认识到的沟通方式五花八门，能够进行沟通的手段也是多种多样。为了进一步拓宽高校内部的沟通渠道，就需要借助网络，建立各种交流平台。信息的反馈必须要注意进行双向的有效沟通，必须以平等为原则达成共识，而不是单方面的讲或者听，毕竟不畅的交流会直接导致双方在沟通积极性上受到打击，进而导致最终的沟通结果并不理想。一般而言，我们可以开展多次双向交流，以便通过持续的意见交流获得制度制定上的最佳成效，通过这种方式能够进一步加深学生对于高校内部实行的管理制度的认可，并且还能够督促学生增强对自身的要求。

二、高等院校管理队伍建设

高等教育要提升质量，队伍建设是关键，而队伍建设又包括十分丰富的内容。其中，师资队伍和管理队伍是重要的组成部分。相比而言，师资队伍建设的重要性得到了广泛的认同和更多的关注，但是，关于管理队伍建设的研究和思考仍缺乏针对性和系统性，《国家中长期教育改革和发展规划纲要（2010—2020 年）》对此也没有作出专门的规定，因此有必要对队伍建设进行整体性思考，把管理队伍建设摆上更加突出的位置，认真进行系统设计、有序推进。使之成为高等教育提升质量的有效支持。

（一）坚持高校管理队伍建设

必须把加强管理工作和管理队伍建设摆上新的高度具体如下：

1. 高等教育规模发展到一定阶段后必须重视管理革新问题

我们提出加强管理干部队伍建设，提高高等院校管理水平，并非对我国高等院校管理现状持一种否定观点，而是说，过去的状况是一个阶段的必然现象，现在我们的高等院校已经有相当规模了，在规模达到一个阶段后，管理问题就显得重要和突出。正如著名学者所言，一切规模较大的组织或多或少需要组织指挥和协调，一个小提琴手是自己指挥，一个乐队就需要组织指挥。现在高等院校少则 5000 人，多则上万人，科学的管理机制、专门管理制度、高水平的管理队伍十分必要，管理队伍应该有专门的序列、专职化的人员配置和发展进阶。

2. 高等教育进入提高质量阶段后管理工作需要提升和加强

规模扩张是显性，而提高质量是隐性，十年树木，百年树人。因此提高质量，高等院校有大量的文章可做，教学工作的科学安排，师资队伍的合作调度，安全稳定机制的建立，思想教育的有效性，尤其是与高等教育特征相适应的校企合作、工学结合机制的建立等，都是管理工作和管理队伍建设的重要范畴。

（二）高校管理队伍建设的价值取向

构建全方位、整体化高等教育管理队伍，可以从不同角度进行分类建设，也可以作为高等院校管理队伍建设的主要价值取向。

1. 从管理队伍层次看，高等院校需要决策领导型、管理协调型两层次管理者

（1）决策领导型管理者，主要是指高等院校的校级领导班子。这支队伍

应该具有较强的法律法规和方针政策意识，具有较强的市场意识和民主意识，懂政治、懂教育、懂市场、懂人才、懂学生，能够抓住机遇、整合资源、善于谋局用人、善于创新发展。这支队伍应该做到素质优异、数量适当、智能互补、结构合理。

（2）管理协调型管理者，主要是指中层管理干部队伍。他们在学校建设和发展中起着承上启下的作用，对他们的基本要求是，能创造性地开展工作，具有较强的学习力和执行力，能够把文件学清楚，把市场搞清楚，把思路理清楚，把事情做清楚，把话语（总结）说清楚。

2. 从管理工作内容看，高等院校管理队伍建设需要重点培养三类人员

（1）教学管理队伍。学校工作以教学为中心，人才培养工作是重心，建设一支熟悉高职教育规律，懂市场、懂专业、会管理的教学管理队伍十分重要，它既包括教务处等职能部门，也包括实训等辅助教学管理部门，当然，更包括系（部）和专业（教研室）主任。

（2）育人管理队伍。这是高等院校管理队伍的重要组成部分。学校工作必须坚持以育人为本、德育为先，育人工作是学校工作的核心。因此，建设一支高素质育人管理队伍至关重要，他们必须懂学生、懂青年、掌握育人规律，具有教育学、心理学等方面知识，爱学生、负责任、会教育、愿服务。

（3）辅导员队伍。辅导员是我国高等学校队伍建设的特色，其主要任务是学生思想政治教育、学生发展指导和学生事务管理。按照中央有关要求，辅导员队伍要按照双重身份、双重待遇、双线晋升的要求，既要作为师资队伍来抓，也要作为管理队伍来抓，并切实增加投入，加强建设。

（三）加强高校管理队伍建设的建议

高等院校管理队伍建设是一项系统工程，必须进行制度上的顶层设计，并争取有力措施加以推进。

1. 积极构建“双阶梯”式管理和激励模式

总体而言，对于大多数高等院校来说，都需要建立起一支足够特殊的师资队伍与管理队伍，在一定程度上，二者能够存在交叉，但是对于这部分交

叉内容，在范围与条件上应当有明确且严格的限定。值得关注的是，师资队伍与管理队伍各自负责的内容并不相同，对应的工作逻辑也存在差异，而这也使得二者在能力方面有不同的要求，应当具备的知识素质也不相同，因为侧重点不同，所以这两支队伍建设都应当得到重视，而且不能够厚此薄彼。对于个人来说，在岗位选择方面，应当严格按照自己的兴趣爱好与专业特长等进行科学合理的决策，不可随意。对于学校来说，要厘清教师与管理人员在二元序列和双重进阶的不同，以确保二者都能够完美适应不同的序列，并积极发挥各自的职能，进而从不同进阶当中获得进一步的成长与发展，其中最应当被关注的就是管理制度与方法的设计，为确保员工能够更加适应不同的岗位，并有决心、有毅力努力奋斗、敢于创新，就需要为不同的岗位制定科学合理且适合的考核指标，并为所有员工制定科学有效的激励措施。

2. 科学设计管理队伍岗位设置和管理办法

当前，全国范围内正在进行事业单位岗位设置管理和改革。应当说，它对规范事业单位岗位设置和人员管理具有较大的推动作用，对实现事业单位内部管理由经验模式向科学模式发展具有积极的促进作用。事业单位的存在理由主要是实现各级政府的公共服务责任、落实社会公平与福利的价值追求，不同于行政机构的公共管理职能与社会安全与秩序追求。总的来说，就需要积极引导众多高等院校根据本校的特点开展工作，不断有选择性地科学结合企业化的管理机制与绩效考核办法，以便在一定程度上彰显高等院校在校企融合发展方面的追求，就比如对于教职工工资比例的设定，可以在一定程度上参考企业管理办法，在合理范围之内减少固定的基本工资，并在一定程度上增加绩效方面的工资占比。

3. 着力搭建一套专门针对管理队伍的综合培养体系

若要进一步增强高等院校内部的管理队伍建设，并有效提升相关管理队伍的实际水平，就需要广泛开展专业的培训与教育。为实现以上目标，就需要建立起科学且完备的培养体系。相比于高校师资队伍的建设，无论是培养理念还是各种培养内容方面都存在着一定的差异，且注重的方向等也不同。具体而言，可包括以下几个方面：一是岗前培训，坚持做到先培训后上岗；二是岗位轮训，及时把新形势、新政策、新理念传达和领会；三是转岗培训，凡轮岗、转岗者都必须经过培训。要做到这些，就必须由教育行政主管部门会同有关部门设计系统的岗培从业资格标准，提供岗位培训条件和渠道，在培养内容上应当强化双语会话、计算机网络应用、公共管理学等方面的能力与水平，从而有利于管理队伍建设的有效开展。

参考文献

[1] 于俊清，王士贤，吴驰，等 . 高校信息化建设与管理：管理篇 [M]. 武汉：华中科学技术大学出版社，2021.

[2] 石宏伟 . 新时代高校管理育人理论与实践 [M]. 镇江：江苏大学出版社有限责任公司，2021.

[3] 黄艳 . 产教融合的研究与实践 [M]. 北京：北京理工大学出版社，2019.

[4] 申晓伟 . 校企合作共筑未来：高职院校校企合作育人理论与实践研究 [M]. 北京：中国广播影视出版社，2014.

[5] 刘印房 . 地方本科高校校企协同创新机制构建研究 [M]. 北京：科学技术文献出版社，2018.

[6] 韩晓强，刘铁玲，舒晓红 . 教师文化素养与师资队伍建设 [M]. 成都 : 电子科技大学出版社，2017.

[7] 郝庆波，张晓楠 . 大数据时代高校教师教学能力提升策略研究 [M]. 长春：吉林人民出版社，2020.

[8] 褚瑞莉 . 激励理论视域下高校师资队伍构建研究 [M]. 北京：九州出版社，2018.

[9] 陈炳，巩学梅，尹辉等 . 地方应用型本科高校建设“科教 + 产教”双融合模式设计与实践 [M]. 杭州：浙江大学出版社，2020.

[10] 池源 . 新时期高校辅导员职业化发展的创新研究 [M]. 北京：冶金工业出版社，2020.

[11] 王业琴，邬清海，周红标，等 . 产教融合背景下自动化专业建设改革与实践 [J]. 高教学刊，2023，9(5).

[12] 戴冬香，胡建英，钟素平 . 产教融合视角下提升高职旅游“双师四能型”教师能力的路径 [J]. 学周刊，2023(8):15–17.

[13] 林燕虹，李建国，黄春旭 . 产教融合视域下“设备管理与点检维修”课程标准研制 [J]. 南方金属，2023(1):51–54，60.
[14] 推进产教融合 深化校企合作 [J]. 中国科技产业，2023(2)：4.
[15] 陈艳茜 .“三高四新”战略背景下企业参与校企协同育人动力提升策略研究 [J]. 职业技术，2023，22(3):69–74.
[16] 戴华 . 校企合作下产教融合机制及对策的实践探究 [J]. 农机使用与维修，2023(2):126–128.
[17] 刘思宇 . 高校校企合作产教融合机制探讨 [J]. 产业创新研究，2023(2):193–195.
[18] 鲍杰，于萍，毛应爽，等 . 基于双向嵌入式产教融合模式的职业教育人才培养研究 [J]. 海峡科技与产业，2023，36(1):68–71.
[19] 尚慧萍，蒋成浩，王丽虹 .“三全育人”体系下高职院校落实意识形态工作责任的实践路径 [J]. 现代职业教育，2023(3):9–12.
[20] 吴桐 . 高校“双师型”教师队伍现状与对策研究 [J]. 公关世界，2022(18):45–46.
[21] 颜怡 . 产教融合政策背景下本科职业教育人才培养机制优化研究 [D]. 南昌：南昌大学，2022.
[22] 陈星 . 应用型高校产教融合动力研究 [D]. 重庆：西南大学，2017.
[23] 方菁华 . 产教融合对应用型本科人才培养的价值及其实现路径研究 [D]. 广州：广东技术师范大学，2022.
[24] 殷菊 . 贵州省高职院校产教融合发展中政府作用优化研究 [D]. 贵阳：贵州大学，2022.
[25] 徐静 . 产教融合背景下高校实践基地的设计研究 [D]. 景德镇：景德镇陶瓷大学，2022.
[26] 赵媛 . 多元文化背景下民办 S 高校师资队伍建设研究 [D]. 郑州：河南财经政法大学，2022.
[27] 郭菲 . 产教融合项目合作伙伴推荐方法及应用研究 [D]. 石家庄：河北科技大学，2022.

[28] 夏思雨 . 高校创业教育师资队伍建设问题与对策研究 [D]. 上海：华东理工大学，2022.
[29] 王峰 . 珠三角地区高职院校产教融合人才培养机制案例研究 [D]. 广州：广东技术师范大学，2021.
[30] 李璐 . 加强新时代高校师资队伍建设研究 [D]. 重庆：西南大学，2019.